世紀人物 100

天文巨星

張衡

陳佩萱 著

三民書局

主編
的話

　　世界上最幸福的孩子，是他們一出生就有機會接近故事書，想想看，那些書中的人物，不論古今中外都來到了眼前，與他們相識，不僅分享了各個人物生活中的點滴，孩子們的想像力也隨著書中的故事情節飛翔。

　　不論世界如何演變，科技如何發達，孩子一世幸福的起源，仍然來自於父母的影響，如果每一個孩子都能從小在父母親的懷抱中，傾聽故事，共享閱讀之樂，長大後養成了閱讀習慣，這將是一生中享用不盡的財富。

　　三民書局的劉振強董事長，想必也是一位深信讀書是人生最大財富的人，在讀書人口往下滑落的多元化時代，他仍然堅信讀書的重要，近年來，更不計成本，連續出版了特別為孩子們策劃的兒童文學叢書，從「文學家」、「藝術家」、「音樂家」、「影響世界的人」系列到「童話小天地」、「第一次」系列，至今已出版了近百本，這僅是由筆者主編出版的部分叢書而已，若包括其他兒童詩集及套書，三民書局已出版不下千百種的兒童讀物。

　　劉董事長也時常感念著，在他困苦貧窮的青少年時期，是書使他堅強向上，在社會普遍困苦，而生活簡陋的年代，也是書成了他最好的良

伴，他希望在他的有生之年，分享這份資產，讓下一代可以充分使用，讓親子共讀的親情，源遠流長。

「世紀人物100」系列早就在他的關切中構思著，希望能出版孩子們喜歡而且一生難忘的好書。近年來筆者放下一切寫作，接下這份主編重任，並結合海內外有心兒童文學的作者共同為下一代效力，正是感動於劉董事長致力文化大業的真誠之心，更欣喜許多志同道合的朋友，能與我一起為孩子們寫書。

「世紀人物100」系列規劃出版一百位人物故事，中外各占五十人，包括了在歷史上有關文學、藝術、人文、政治與科學等各行各業有貢獻的人物故事，邀請國內外兒童文學領域專業的學者、作家同心協力編寫，費時多年，分梯次出版。在越來越多元化的世界中，每個人都有各自的才華與潛力，每個朝代也都有其可歌可泣的故事，但是在故事背後所具有的一個共同點，就是每個傳主在困苦中不屈不撓，令人難忘的經歷，這些經歷經由各作者用心博覽有關資料，再三推敲求證，再以文學之筆，寫出了有趣而感人的故事。

西諺有云：「世界因有各式各樣不同的人群，才更加多采多姿。」這套書就是以「人」的故事為主旨，不刻意美化傳主，以每一位傳主的生活經歷為主軸，深入描寫他們成長的環境、家庭教育與童年生活，深入探索是什麼因素造成了他們與眾不同？是什麼力量驅動

了他們鍥而不捨的毅力？以日常生活中的小故事，來描繪出這些人物，為什麼能使夢想成真。為了引起小讀者的興趣，特別著重在各傳主的童年生活描述，希望能引起共鳴。尤其在閱讀這些作品時，能於心領神會中得到靈感。

　　和一般從外文翻譯出來的偉人傳記所不同的是，此套書的特色是，由熟悉兒童文學又關心教育的作者用心收集資料，用有趣的故事，融入知識，並以文學之筆，深入淺出寫出適合小朋友與大朋友閱讀的人物傳記。在探討每位人物的內在心理因素之餘，也希望讀者從閱讀中，能激勵出個人內在的潛力和夢想。我相信每個孩子在年少時都會發呆做夢，在他們發呆和做夢的同時，書是他們最私密的好友，在閱讀中，沒有批判和譏諷，卻可隨書中的主人翁，海闊天空一起遨遊，或狂想或計畫，而成為心靈知交，不僅留下年少時，從閱讀中得到的神交良伴（一個回憶），如果能兩代共讀，讀後一起討論，綿綿相傳，留下共同回憶，何嘗不是一幅幸福的親子圖？

　　2006 年，我們升格成為祖字輩，有一位朋友提了滿滿兩袋的童書相送，一袋給新科父母，一袋給我們。老友是美國國家科學院院士，曾擔任過全美閱讀評估諮議委員，也是一位慈愛的好爺爺，深信閱讀對人生的重要。他很感性的說：「不要以為娃娃聽不懂故事，我的孫兒們一出生就聽我們唸故事書，長大後

不僅愛讀書而且想像力豐富，尤其是文字表達能力特別強。」我完全同意，並欣然接受那兩袋最珍貴的禮物。因為我們同樣都是愛讀書、也深得讀書之樂的人。

　　謹以此套「世紀人物 100」叢書送給所有愛讀書的孩子和家庭，以及我們的孫兒——石開文，他們都是世界上最幸福的孩子，因為從小有書為伴，與愛同行。

小朋友，經過了九二一大地震，你是不是覺得地震很可怕呢？會不會想如果有儀器來偵測地震，那該有多好啊？

其實大約一千八百年前，張衡就已經發明創造了「候風地動儀」（132年），這是世界上第一架測定地震及方位的儀器，比歐洲早一千七百多年。就算到了現代，地震預報測定儀器的基本原理，也和張衡的候風地動儀差不多，只是設計更加精密而已。但以張衡所處的東漢時代，科學還不發達，他就能有這樣的發明，實在令人佩服，難怪英國學者李約瑟說：「地震儀的鼻祖出在中國，這一點是無可置疑的。這是卓越的數學家兼天文學家、地理學家張衡的貢獻。」

為什麼李約瑟說張衡是數學家兼天文學家、地理學家呢？這是因為張衡不但發明了「候風地動儀」，還有以下的成就：

在數學方面，張衡著有《算罔論》，並計算出圓周率的值在3.1466和3.1622之間，這一成果比歐洲早了一千三百多年，雖然和今天大家知道的圓周率有些誤差，但在那時代能有這樣精確的計算，實在非常不容易。

在天文學方面，張衡發明創造了「渾天儀」（117年），是世界上第一臺用水力推動的大型觀察星象的天文儀器。他還著有《渾天儀圖注》和《靈憲》等書，畫出了完備的星象圖，並提出了「月光生於日之所照」的科學論斷。《靈憲》中張衡所提天地的生成三階段，這種從無到有、從小到大的宇宙生成理論，不但符合物質世界的發展規律，也符合物質不滅的先進定律，比起18世紀德國康德所創造的星雲學說，早了一千六百多年。

在地理學方面，張衡將他研究的心得，畫出一幅地形圖來，流傳了幾百年。到唐代，這幅地圖還保存完好，可惜後來因為戰亂而流失。

除了以上的成就外，張衡還是畫家、文學家和發明家。

在繪畫藝術方面，張衡是一名高手。他喜歡遊歷，在飽覽各地名山大川後，將這些景物銘記在心，作為他繪畫的藍本。唐代張彥遠在他的《歷代名畫記》中，列出東漢名畫家六人，張衡居六大畫家之首。

在文學方面，張衡被稱為漢賦四大家之一，著作有〈二京賦〉、〈南都賦〉、〈定情賦〉、〈同聲歌〉、〈思玄賦〉、〈歸田賦〉、〈四愁詩〉等三十多篇。

在創造發明方面，張衡除了發明「渾天儀」、「候風地動儀」外，並研製出「記里鼓車」、「指南車」、「獨飛木雕」

（世界上最早的飛行器）、「土圭」（日影器）、「瑞輪冥莢」（活動日曆）等。他製造的「候風儀」是一種預測風力、風向的儀器，比西方的「風信雞」早了一千多年。

由於勤奮向學、認真研究、勇於實踐，讓興趣廣泛的張衡在各方面都有不凡的成就。張衡傑出的成就，是中華民族的光榮和驕傲，也是整個人類歷史寶貴的財富。

現在，就讓我們來了解這位「天文巨星：張衡」璀璨豐富的一生吧！

寫書的人

陳佩萱

住在風光明媚、空氣新鮮又多雨的宜蘭。喜歡看書，一年至少要看三百多本書以上；更喜歡寫作，希望能寫出更多、更棒的作品，與更多的讀者分享。曾獲 90 年「文建會兒歌一百徵文」優等、90 年「柔蘭兒童文學獎」台語兒歌佳作、89 年「第十四屆台灣省兒童文學創作獎」入選、87 年「第十一屆台灣省兒童文學創作獎」優等；著有《吃醋大丈夫》、《阿歡》、《愛的密碼》、《胖鵝丹丹出奇招》、《誰是模範生？》、《本草藥王：李時珍》、《鐵路巨擘：詹天佑》等。

天文巨星

張衡

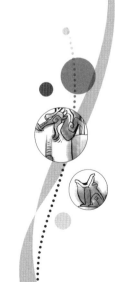

世紀人物
100

張　衡

78～139

1 貧窮貴公子

　　東漢章帝建初三年（78 年），張衡出生在南陽郡西鄂縣石橋鎮附近，一個叫做下村塞＊的地方。因為張衡的祖先曾當過春秋時代晉國的大夫＊，所以張家是當地的望族，具有很高的聲望和社會地位；加上他的祖父張堪，曾經做過多年的蜀郡太守、騎都尉、漁陽太守，所以張衡算是官宦子弟，是個貴公子。

　　不過，由於張衡的祖父非常勤政愛民，就算有錢有田，也都拿去幫助貧窮的老百姓，因此，他們的家境並不富裕；而在祖父過世後，家裡的經濟狀況就越來

放大鏡

＊下村塞　在今河南省南陽縣以北五十里的地方。
＊大夫　古代官名，不是指醫生。

越差了。

張衡的父親從小就體弱多病，在原本一家之主的張堪去世後，全家的重擔都落在他的身上，讓他原本就不好的身體更差了。後來，張衡的出生，雖然使他的負擔更大，但他仍很高興張家有後了，因此非常盡心盡力的教導他，期望他能和自己的父親一樣，做個為國為民、有為有守的讀書人。

不過，他衰弱的身體無法背負沉重的家計太久，所以在張衡很小的時候就過世了。他一過世，家裡原本就不好的經濟狀況就更糟了。

但是，貧困的生活並沒有滅了張衡的志氣，反而更激發他刻苦學習。因為聰明伶俐的他，永遠牢記父親在世時對他的訓誨：

衡兒，你的祖父是個非常傳

奇的人物，你一定要向他學習。

你祖父十六歲就到長安太學＊念書，優異的才華，讓師傅和同學都忍不住豎起大拇指，誇他是「聖童」。

你祖父也是咱們東漢王朝的開國功臣，當年光武帝討平天下的時候，他在大司馬吳漢旗下，獻了「扮豬吃老虎」的妙計＊，才讓漢軍打敗了公孫述，進入了蜀郡。

因為你祖父立了大功，所以皇上封他當蜀郡太守＊。當他進到公孫述的府庫，發現裡面珍奇寶物堆積如山，他不但絲毫不為所動，還把所有的珍奇寶物清點清楚，繳入朝廷的國庫，作為國家建設的經費。此外，他還派人安撫蜀郡的老百姓和基層官吏，讓他們安居樂業。因此，蜀郡的老百姓，都非常慶幸他們有個這麼好的父母官。

你祖父在蜀郡做了兩年的太守後，被調入京城當騎都尉。雖然在我們的社會裡，很少有官吏不向老百姓敲詐勒索的，可是你祖父離開蜀郡時，只駕著一輛破舊的馬車，帶著一個簡單的行李而已，沒有任何金銀財寶，因為不是他的，他一毛錢也不會放進自己的口袋裡。

放大鏡

＊太學　相當於現在的國立大學。東漢的文化十分發達，所以太學生很多，到桓帝時，還達到三萬多人。太學生在太學裡，專心整理和研究儒家的經書，因此，儒家的學說越來越興盛，太學生的地位也越來越提高。在張衡的祖父張堪青年時期，漢朝的太學設立在國都長安。後因王莽篡漢，經光武中興，進入東漢時期，長安因戰爭遭受破壞，漢朝國都遷至洛陽，因此全國的最高學府太學也就改設在洛陽。

＊扮豬吃老虎的妙計　漢光武帝派張堪跟隨大司馬吳漢，討伐占領蜀郡為王的公孫述。可是軍隊到了蜀郡，卻只剩下七天的糧食，加上懼怕公孫述的威勢，所以吳漢準備退兵。張堪聽說以後非常著急，立刻去見吳漢，告訴他用「扮豬吃老虎」的計策，那就是先派出疲弱無力的士兵出擊，讓公孫述誤以為漢軍不堪一擊，掉以輕心而趁勝追擊。當他深入漢軍陣營時，再派出精壯的部隊向他展開猛烈攻擊，必能使公孫述軍隊大亂而獲勝。吳漢聽後非常高興，採納了他的計策。後來，公孫述果然中計，兵敗被殺，漢軍獲勝。

＊太守　一郡的最高官吏。

　　後來在當漁陽太守時，你祖父率軍打敗了入侵的匈奴好幾次，保護老百姓生命財產的安全；還開闢了八千多頃的田地，鼓勵老百姓耕種，讓他們過著富裕充足的生活。因此那裡的老百姓，還作了稱讚你祖父德政的歌謠＊四處傳頌呢！

　　衡兒，爹一再告訴你祖父的事蹟，就是要你明白，錢財不算什麼，當不當官也不算什麼，做人最重要的，是要修煉自己的品行、增進自己的知識。你現在雖然年紀小，仍要好好用功讀書，將來才能和你祖父一樣，當個為國為民、有為有守的讀書人。

放大鏡

　　＊老百姓所作的歌詞是：「桑無附枝，麥穗兩歧，張君為政，樂不可支。」大意是：「他鼓勵我們種桑，鼓勵我們種麥，使我們家家富裕，有這樣的人做我們的父母官，我們的生活充滿樂趣。」

原本就聰明伶俐的張衡，一想起父親的訓誨，就更加用功讀書，所以不到十歲，便能寫出文辭優美的好文章來。除此之外，他還很會畫畫，更是個孝順的好孩子，不但做好自己分內的事，不讓母親和祖母為他操心，更會分擔家裡粗重的工作。

有一天，他像往常一樣到井邊提水。當他將盛滿水的水桶，費力的從井裡拉上來時，滿身大汗的他，不禁暗自想著：「有沒有什麼法子，可以讓這件工作不那麼費力呢？」

他提著沉重的水桶，邊想邊往家的方向走去時，他的玩伴大牛叫住他，問：「小瓶子，我和阿義要去城裡玩，你要不要一起去？」

由於張衡的父親希望他能像天秤一樣，成為一個公正無私、明辨是非的人，因此，除了幫他

取名為「衡」外，還為他另外取一個字，叫做「平子」，所以玩伴們都叫他「小瓶子」。

張衡聽說城裡很熱鬧，早就想去看看了，便興致勃勃回答說：「好啊！好啊！可是，我們要怎麼去呢？」

「當然是走路去啊！」

「很遠耶！」

「走快一點，一個多時辰＊應該就可以到了吧！」

張衡覺得大牛說的很有道理，立刻答應說：「你們等我一下！我先把水提回家，跟我娘說一聲，再去找你們！」

「我幫你一起提回去比較快。這樣我們可以早點去，玩久一點。」

在大牛和阿義的幫忙下，張衡很快就將水桶提回家。一得到

放大鏡 ＊一個時辰是兩個小時。

母親的允許，他便興奮的和大牛、阿義急急的往城裡的方向走去。

在邊走邊跑的情況下，不到一個時辰，他們便到達城鎮了。

第一次進城的張衡，一走進城門，就驚奇的瞪大眼睛，急切的四處張望。他發現城鎮的景觀果然跟村裡的景觀大不相同，屋宇一棟捱著一棟，門楣一戶比一戶高，街上來往人潮熙熙攘攘，兩旁商店所賣的貨物琳琅滿目，看得他脖子都快仰斷了，眼睛都快看花了。

忽然，河邊有一個新奇的東西吸引了他的注意力，他拉住繼續往前走的大牛、阿義，指著那東西問：「你們知道那是什麼東西嗎？」

大牛和阿義順著他的手往前看，搖搖頭說：「不知道。」

張衡很想知道那是什麼東

西，立刻向路人請教，才知道那是「鼓風煉鐵爐」＊。

看張衡目不轉睛的盯著鼓風煉鐵爐瞧，大牛和阿義並不吵他，因為他們知道，這個貧窮貴公子除了喜歡看書外，更愛動腦筋，遇到新鮮事，就想探個究竟，弄個明白。因此，他們陪著他靜靜的觀看。

張衡望著鼓風煉鐵爐裡平向水輪通過滑輪和皮帶推動風箱運轉的情形。看著看著，他忽然靈光一閃，高興的大叫說：「我有法子了！」

被嚇了一跳的大牛和阿義，莫名其妙的問：「你在說什麼呀？」

張衡興奮的解釋說：「我想到

放大鏡

＊豎爐煉鐵是一種經濟有效的煉鐵方法，從上邊裝原料，下邊鼓風，形成爐料下降，煤氣上升的相對運作。在春秋末年，中國已經使用豎爐煉鐵了；而在西元前 31 年時，西漢已經使用平向水輪，通過滑輪和皮帶推動風箱，用於煉鐵爐的鼓風。因此，中國是世界上最早使用豎爐煉鐵的國家。

從井裡拉水桶上來的省力方法了！」

「喔？什麼方法？」

「就是在水井的上方架個木輪子，要提水時，只要轉動木輪子上的繩子，就可以節省力氣了。」

「這樣就可以節省力氣了嗎？」大牛和阿義不大相信的問。

「能不能節省力氣，試了不就知道了嗎？」

「你要在水井的上方架個木輪子給我們試嗎？」

這可難倒張衡了，因為對年紀還小的他來說，在水井上方架個木輪子可是件巨大工程，他根本就無法獨力完成。那該怎麼辦呢？就這樣放棄嗎？

忽然，他想到有個人可以幫他，那個人就是他最敬愛的——朱爺爺。

2 影響深遠的朱爺爺

　　張衡最敬愛的朱爺爺，名叫朱暉，是個有節有義的讀書人。

　　他是南陽宛城的富豪，曾做過臨淮太守，非常勤政愛民，因此老百姓曾作歌謠稱讚頌揚他；他也是個樂善好施的人，常救濟生活貧困的親友。

　　他的個性和張衡的祖父張堪很像，因此兩人在太學念書時，剛認識就一見如故，結為知己好友。有一次，在一個同學的聚會中，有人談論到「人有旦夕禍福」時，張堪有感而發，拍著朱暉的肩膀對他說：「朱兄，人生無常，將來萬一我有個三長兩短，我的妻子兒女可要麻煩你幫忙照顧了。」

　　朱暉聽了大吃一驚，雖然好友對他如此信賴，讓他覺得非常

感動，但同樣感慨人生無常的他只是沉默以對，並沒有當場拍著胸脯答應下來，令在場的同學們相當詫異，覺得他真不夠朋友。但是，了解他相當深的張堪知道，萬一有一天他不幸死去時，不用為妻子兒女的生活擔憂。

後來，他們兩人各奔前程。雖然忙碌的生活讓他們疏於聯絡，但「君子之交淡如水」，那分相知相惜的情義仍長存他們彼此的心中。因此，當朱暉得知張堪不幸病逝的消息，立刻急急忙忙帶著錢財前去弔慰，因為他知道，樂善好施的張堪，並沒有留下多少家產給家人。

到了張家，朱暉發現張堪的兒子，也就是張衡的父親，雖然是一家之主，但因體弱多病，無法擔負起家計，便不時給予幫助。幸虧有他的幫忙，不然張衡家早就斷炊了。

　　當張衡的父親三十多歲去世時，朱暉見張家只剩張衡和張衡的祖母、母親這些老弱婦孺，便自願擔負起教導張衡的責任，常常到張家督導張衡的課業，並指導他做人處世的道理。因此，在張衡幼小的心靈裡，朱爺爺是他最敬愛的長者。

　　這天，第一次進城的張衡，在城裡見識到鼓風煉鐵爐的妙用後，傍晚和大牛、阿義從城裡走路回家的路上，腦海裡想的，都是如何在水井的上方架個木輪子的事。

　　當他回到家，看到停在門口熟悉的馬車時，立刻衝進家門，對著一同坐在廳堂上閒話家常的祖母和朱暉，開心的叫嚷著：「奶奶，朱爺爺，我回來了！」

　　看到乖巧伶俐的張衡，朱暉雖然滿心歡喜，卻故意神色一凜，嚴屬的問：「小瓶子，你野到

哪兒去了，這麼晚才回來？」

「我去城裡長見識，我有跟祖母和娘報備過了。」

朱暉知道張衡沒說謊，因為他一到張家，就詢問過他的行蹤。

「你到城裡逛了一天，長了什麼見識啊？」

張衡立刻將所見所聞，興高采烈的說給朱暉聽，尤其是從鼓風煉鐵爐所引發的點子，講得特別仔細。

朱暉聽了問：「你說，只要在水井的上方架個木輪子，就可以方便提水上來？」

「嗯。要提水時，只要轉動木輪子上的繩子，就可以用很少的力氣，將裝滿水的水桶從井裡拉上來了。朱爺爺，我們試試看好不好？」

望著張衡因企盼而發亮的雙眼，朱暉撫著雪白的鬍子，笑著

說：「好啊！咱們就來試試看。」

　　第二天，朱暉就找來木匠，依張衡的點子，在水井的上方架個木輪子，大夥兒一試，果然非常省力就可以將水桶拉上來。從此以後，村裡的人提水方便許多，大家忍不住豎起大拇指誇獎張衡說：「這孩子不但書念得好，腦筋又靈活，將來一定能成大器。」

　　張衡年紀雖小，卻沒有會被這些讚美給沖昏了頭，照樣認真讀書，努力充實自己，期許自己長大後能為更多的人謀福利。

　　有一天，他照例到朱爺爺家請安，得知朝廷因朱爺爺德高望重，要他去朝廷做官時，非常擔憂，因為他擔心年老體弱的朱爺爺，禁不住當官後，隨之而來的繁重工作和重責大任。

　　「朱爺爺，你已經快八十歲了，還要去嗎？」

朱暉點點頭，說：「只要國家需要我，就算我一百歲了，老得只剩下最後一口氣，也要貢獻我的心力，為國家、為黎民百姓造福。」

張衡被他的話深深感動，覺得有作為的人就應該像朱爺爺這樣。

不過，朱暉雖然有心為國家、為黎民百姓做事，奈何皇上老是不採納他的政見，讓他無法發揮所長。因此，不想尸位素餐的他在八十歲大壽時，便以年老多病為藉口，打算向皇上辭職後返回家鄉。

看到了朱暉的辭職信，皇上才發現到他的忠貞，立刻大力給予慰留，不但升他當騎都尉，還賜錢二十萬，並承諾以後會多採納他的政見。有了皇上的保證，朱暉重新燃起希望，才勉強留下來。

不過第二年，皇上便病逝了，由年僅十歲的皇太子劉肇即位，是為東漢和帝(88年)。由於和帝年紀幼小，沒有能力處理國家大事，一切聽從竇太后的意見，因此，竇太后便掌握了國家大權。

竇太后為了鞏固自己的權力和地位，重用許多自己的親戚，讓他們個個當大官。可是她那些當大官的親戚，不但不勤政愛民，還仗著官大權大，作威作福，奪人田產，尤其以她的哥哥竇憲最飛揚跋扈。

竇憲雖然位居高官，卻因擔心都鄉侯劉暢受到重用，瓜分了自己的權勢，便收買刺客暗殺他。當案情水落石出、真相大明後，竇憲知道自己權力雖大，仍死罪難逃，便自願戴罪立功，帶兵討伐北匈奴。正苦無良策為自己哥哥開脫罪名的竇太后，當然

立刻答應。

朱暉聽到這個消息，又驚又氣，因為他覺得如果讓這種平日貪贓枉法的鼠輩帶兵打仗，一定會養虎為患，便怒氣沖沖上朝勸阻說：「啟稟太后，竇大人平日倒行逆施，魚肉百姓，連先帝之姐沁水公主的田地也敢強行奪占，現在還挾私報復，暗殺都鄉侯，可見他根本就目無王法。因此，朝廷應該立刻將他就地正法，端正視聽，怎麼可以還讓他手握兵權，日後有擅權亂政的機會呢？」

竇太后聽了非常不高興，但因朱暉言之成理，她只能避重就輕徇私的說：「朱大人言重了，竇大人只不過是一時迷糊才會犯錯。但『人非聖賢，孰能無過』？現在，他不但知錯能改，將田地還給沁水公主，還不顧個人性命安危，請願帶兵討伐作亂邊境的北匈奴，這都是愛國愛民

的表現，怎麼說他目無王法呢？」

「可是竇大人他……」朱暉才剛開口，就被竇太后打斷。

「朱大人無須杞人憂天，這事就這麼定了，不必再多言！」

朱暉見竇太后不顧朝廷安危，鐵了心維護自己的親哥哥，氣得一口氣喘不過來，便兩眼翻白，暈了過去。後來，雖然經太醫急救而甦醒，朱暉卻因此長病不起，沒多久就過世了。但朝廷並沒有因此採納朱暉的意見，依然讓竇憲領兵出征。

在家鄉的張衡得知朱暉病逝的消息十分難過，當朱暉的靈柩運回故里安葬時，他立刻前去弔唁。他知道他敬愛的朱爺爺會遽然病逝，跟朝廷同意竇憲領兵討伐北匈奴之事有關，因此，他雖然才十歲，卻對這件事特別留意，他想知道對於這件事，朱爺爺是未卜先知，還是真如竇太后

所說的只是杞人憂天。

　　不知道是竇憲真有將才，還是漢軍兵多將廣，竟然第二年(89年)就大破北匈奴，獲得勝利。竇憲意氣勃發的登上燕然山，命令隨軍屬官中護軍、傑出的史學家班固，寫篇歌頌朝廷威德的文章，刻在那兒的石碑上作紀念。

　　第三年，竇憲班師回朝，竇太后不但升他為大將軍，還封他為武陽侯。第四年，竇憲再次統兵出鎮涼州，在金微山大破匈奴。因此，竇憲更加趾高氣昂，不可一世，覺得漢朝的江山能穩固，都是仰仗他，對那在位的少年皇帝更加不看在眼裡，甚至於還興起「取而代之」的念頭。

　　第五年，竇憲付諸行動，率軍回洛陽，企圖殺害和帝，篡奪皇位。不過，因事機洩露，和帝依宦官鄭眾的計謀，先下手為強，逮捕竇憲親信，奪回兵權，

逼迫竇憲和他的兩個弟弟自殺。傑出的史學家班固受到牽連，被洛陽令种兢抓進監獄，因為兩人以前有私仇，种兢就藉機徇私將他打死了。

張衡將這些人的興亡成敗看在眼裡，不禁想起朱爺爺生前對他說過的話:「班固這個人相當有才華，由他所寫的〈兩都賦〉，可以看出他的文筆相當好；在父親班彪死後，他能夠不計名利，繼承父親的志向，完成了《漢書》，為後世留下詳實的史料記載，可見他史學方面的修為也不錯。這些都是值得你學習的。可惜他後來為了飛黃騰達，竟然輕仁義，賤守節，攀附竇憲這樣的鼠輩，還縱容家人和奴僕橫行鄉里，魚肉百姓，這樣的人必難得善終啊！小瓶子，你一定要引以為鑑啊！須知富貴如浮雲，無須看重，重要的是守住自己這顆

心，做個有守有為的讀書人。」

如今，印證了朱爺爺的話，讓張衡的心裡有許多感觸。十五歲的他，下定決心遵從朱爺爺的諄諄教誨，做個有守有為的讀書人。

3 到「二京」長見識

　　一向勤奮好學的張衡，才十六歲，就讀過《詩》、《書》、《易》、《禮》、《春秋》這些儒家經典，還對當時的文學家司馬相如、揚雄等人的作品，下了一番功夫鑽研。飽讀詩書的他，隨著年齡的增長，開始探究起自己的人生目標。他想像司馬相如、揚雄那樣，當個很棒的文學家，寫出撼動人心的文章；更想像司馬遷、班固那樣，當個傑出的史學家，到全國各地考察史蹟，詳細記載，讓史料能流傳後世。

　　但是，不論是當文學家或是史學家，都需要讀更多的書籍，接觸更多的良師益友，還需要開拓自己的視野，豐富自己的閱歷，而這些都是留在家鄉所無法

辦到的。想起祖父張堪十六歲就到長安讀書，同樣十六歲的張衡，也開始有顆驛動的心，想到經濟繁榮、文化發達、人才聚集的長安、洛陽，去長見識，充實自我。

張衡的母親得知他的志向後，不但沒有要他打消念頭，還鼓勵他早日啟程，因為她明瞭自己的兒子是隻大鵬鳥，該放他去四處翱翔，闖蕩事業，不該將他局限在這個窮鄉僻壤的小地方，那會滅了他的志氣。

她忍住心裡萬般的不捨，邊幫他打包行李邊叮嚀囑咐說：「衡兒，你已經十六歲了，是個大人了，出門在外要處處小心，更要懂得照顧自己。還有，別忘了要時時捎信回來報平安。」

「孩兒知道了。也請娘和祖母要保重身體。」

告別母親和祖母後，張衡便

離開家鄉，開始他的「遊歷求學」生活。

隻身離鄉背井的張衡，並沒有帶很充足的旅費，所以常餐風露宿，但對知識的渴求和對未來生活的憧憬激勵了他，讓他甘之如飴，並不以為苦，反而趁機認真閱讀大自然這部「活書」。

雖然到京都洛陽的路程較近，且全國最高學府太學就在那兒，可以在那找到許多良師益友，但張衡想先去看看祖父所遊歷過的長安，想去感受祖父曾有過的感動，因此便決定先去長安看看。經過一個多月的長途跋涉，風塵僕僕的張衡，終於來到著名的故都長安。

長安曾經是歷代周、秦、西漢時的帝都，所以建築宏偉、工商發達。可惜，在西漢末年，歷經王莽敗亡＊、赤眉作亂、劉姓諸王爭鬥，使得皇宮遭到毀損破

壞。因此，光武帝劉秀建立東漢時，才遷都洛陽。

不過，慢慢復甦的長安，街頭景象雖然比不上洛陽來得富裕繁榮，卻遠遠勝過全國其他城鎮；許多歷代遭焚毀的宏偉建築雖然沒有復建，卻是一處處真實的歷史教室，向過往的人訴說著不可抹滅的歷史故事。

走在長安寬敞的石板路上，張衡並不留意周遭繁花簇簇的美麗景致，而是仔細閱讀一處處遭戰火焚毀泰半年，卻依然無言矗立的歷史建築。漫步在八街九陌，走過三宮九府的古蹟後，他穿過以前專門用來祭祀、教育的明

放大鏡

＊西漢末年的皇帝，大都是很小就即位，而且都很短命，所以國家大權慢慢落在皇帝的親戚王莽手上。後來王莽假藉神要他當皇帝的旨意，去掉漢的國號，改為「新」朝，自己當起皇帝來。王莽很有政治理想，可惜個性太急，訂的新法多又雜，又不信任臣下，所以全部失敗；加上對匈奴用兵不當，弄得民不聊生，人心思漢，因此被推翻。

堂，爬上已經荒廢了的靈臺※，在蒼涼的暮色中，眺望昔日風光無限，如今卻因戰火的摧殘，只剩下破敗不堪的殘垣，躺臥在荒煙蔓草中的西漢宮殿，心中不禁湧起一股莫名的激動。

有太多的名勝想參觀，有太多的古蹟想探索，因此，張衡把握停留在長安城的日子，馬不停蹄的四處探訪。當他逛遍長安城內的歷史遺跡後，立刻去攀登長安城南邊峰巒疊嶂的秦嶺，領受山勢高大雄偉的氣闊；到雲霧瀰漫的驪山，登上烽火臺，追想當年周幽王為了搏得褒姒一笑，恣意點燃烽火，戲弄諸侯，最後落得國破身亡的悽慘下場※；還到咸陽，參觀曾以規模恢宏、氣勢磅礴聞名，如今卻只剩斷牆殘壁的阿房宮，不禁感慨歷史的興衰，想那秦始皇縱然有兼併六國、統一天下的雄才大略，如果

不勤政愛民，仍敵不過「暴政必亡」的命運。

除了尋幽訪勝外，張衡還訪問了當地許多老人，了解更多歷史的真相。而這些遊歷見聞與經驗，讓一直閉門苦讀、沒出過遠門的他，大大的開闊了眼界和胸襟，激發他文學創作的靈感。

在長安停留了約兩年，張衡才離開，到了他盼望已久的京師洛陽。

洛陽城裡道路寬廣筆直，處處繁花似錦，綠樹成陰，商旅、

放大鏡

＊觀測天象的地方叫靈臺，相當於現在的天文臺。
＊大約在兩千七百多年以前，西周最後一個國君幽王，整天只知道玩樂，不理國家大事。他很寵愛美女褒姒，為了讓不愛笑的褒姒笑，用盡各種辦法，可惜都沒有辦法逗她笑。後來，用了「舉烽火以戲諸侯」的辦法，果然讓褒姒笑了。可是點燃烽火臺上的狼煙，是為了告訴諸侯有敵人來攻打，要趕快帶兵來保護國君，而幽王為了逗褒姒笑，一再亂點，讓諸侯疲於奔命，卻發現老是被騙而氣得要命。後來，敵人真的來了，周幽王命令部下趕緊點燃烽火，不過諸侯以為他又在騙人，所以不理他。結果幽王就被敵人殺了，西周就滅亡了。

遊客如織，熱鬧非凡。道路兩旁的屋宇高大雄偉、富麗堂皇，在紅牆綠瓦間，還有青翠的行道樹點綴其間，更顯得生意盎然。經過的馬車一輛接一輛，縱然塵土屢屢揚起，卻也遮蔽不了馬車本身的豪華亮麗，看得張衡瞠目結舌。

跟著擁擠的人潮擠進熱鬧的市集裡，琳琅滿目的貨品，讓張衡大開眼界，看得眼花撩亂，深深覺得和古蹟處處的長安相比，新崛起的洛陽城更顯得欣欣向榮、朝氣蓬勃。

正當張衡被這繁榮的景象弄花了眼時，聽到身後有人問他說：「你是新進城的嗎？」

張衡轉過頭來，發現問他話的，是個身穿青色領衫、中等身材的年輕人。張衡看他不像壞人，便點頭回答說：「是的，我剛進城沒多久。」

「瞧你一副書生模樣，應該不是來做生意的吧？」

「不是，我是來求學的。因為洛陽城裡，不僅有規模宏大的皇家圖書館東觀，還設立了太學，許多著名的學者也都集中在這裡，可說是從事學術研究的好地方，所以我才千里迢迢來這兒求學，希望能增進自己的學識和見聞。」

「你是哪個地方選拔推薦的學生？」那年輕人問。

張衡搖搖頭，說：「我是自己要來念的，沒有經過郡太守的選拔推薦。」

「那就麻煩了。雖然看你的樣子，年齡應該達到進太學的標準，可是你沒有經過郡太守的選拔推薦，是不可能成為正式的太學生的。」

張衡笑了笑，說：「能不能成為正式的太學生，對我來說並不

重要，重要的是，能向有學問的老師求教，學到紮實的學問。」

年輕人聽了肅然起敬，說：「衝著這句話，你這個朋友我交定了。我叫崔瑗，你呢？」

張衡很高興能認識個直爽談得來的新朋友，立刻自我介紹：「我叫張衡，請崔兄多多指教。」

崔瑗開玩笑說:「我一定會給你『多多指教』的。走！」一說完，崔瑗便拉著張衡往前走。

「要去哪兒？」張衡有些莫名其妙的問。

「你最想去的地方。」

「太學？」

「沒錯。」

張衡聽了很興奮，立刻快步跟著崔瑗走。

可是走著走著，他忽然想到一個問題，立刻開口問:「太學可不是普通人能隨意進出的，我們怎麼進去太學？」

「有我在，沒問題。」崔瑗自信滿滿的說。

「你是太學生？」

「沒錯。」

由於崔瑗的幫忙，加上祖父張堪的功勳，張衡才被允許留在太學裡讀書。雖然只是旁聽，沒有正式學籍，張衡仍把握這難得的機會，刻苦用功，認真的跟著各科老師努力學習；有空時，便到藏書豐富的東觀裡，去閱讀立國的典章制度，和古人所寫的各種歷史和文學書籍。因此，他的視野更加開闊，學識更有進步。

在崔瑗的介紹下，他認識了馬續馬融兄弟、王符、竇章等志同道合的朋友。張衡的興趣非常廣泛，因此當他發現馬融在經學上的領會比他深時，立刻向他討教；當他得知馬續懂得丈量田產的九章算數，立刻向他學習；當他發現崔瑗對天文、曆算、幾

何、占卜有深入研究時，更是非向他討教不可。

經過一段時日的學習後，張衡發現自己對探討天文、曆算方面的知識，有更濃厚的興趣，因為在跟崔瑗觀察一段時間的星星後，他訝然發現每天晚上星星的排列狀況雖然都不一樣，卻又似乎有一定的運行規則，兩人除了將所觀察到的星象詳細記錄下來外，還到東觀翻閱古書的記載，並加以對照，找出其中相同和相異的地方。

有一天晚上，張衡又和崔瑗爬到高高的城樓上，對著滿天星斗比手劃腳認真討論時，一個住在附近的老人家正好經過，忍不住開口問：「年輕人，這星星月亮有什麼好看的，值得你們每天晚上像瘋子一樣，特地爬到這麼高的地方來看？」

雖然被說像瘋子，不過張衡

和崔瑗不但不生氣，還笑著解釋說：「老伯，這星星月亮不但好看，還有很深的學問，我們雖然研究兩年多了，還是研究不完。」

聽了他們的解釋後，老人家還是不以為然，語重心長的說：「年輕人，聽我老人家的勸，與其花那麼多的精神和時間，去研究那遠在天邊、一點兒用處也沒有的星星月亮，還不如早點睡，明天幹活才有精神哪！」

崔瑗說：「老伯，我們也不想熬夜啊！只是白天看不到星星，就沒法子研究星象了。」

崔瑗的話讓張衡想到一個問題，立刻提出來：「崔兄，白天看不到星星，是因為天空原本就沒有星星，還是星星本來就在那兒，只是因為陽光太強才看不到呢？」

崔瑗心有同感的說：「這是個好問題，值得咱們好好研究。」

「那我們今晚先早點睡，明天清晨才能早點起來研究。」

張衡的提議立刻得到崔瑗的贊同，兩人一起向老人家說：「老伯，等我們研究出白天有沒有星星時，一定會跟你分享研究結果，以答謝你的指教。告辭了！」

老人家目瞪口呆的看著他們兩人離去的背影，回過神後，忍不住搖頭嘆息說：「唉！真是兩個怪人！不過我活了這麼大的歲數，見過無數沉迷在酒色財氣裡的人，而對星星月亮迷戀成這樣的，可還是第一次碰見。這世界還真是無奇不有啊！」

4 好長官鮑太守

　　由於張衡的勤奮好學，所以在洛陽城的四年時間裡，他除了學到豐富的天文、曆算知識外，還熟讀五經，學會六藝，加上品德優良，才華出眾，所以洛陽城裡的許多大官、貴族，都想找他去官府幫他們做事，不過都被張衡以「要專心讀書做學問」為理由給拒絕了。

　　崔瑗知道後，覺得十分可惜，因為張衡這樣做，可是放棄了進階仕途的好機會，便勸他說：「張兄，『學而優則仕』，一個讀書人，除了要能『獨善其身』外，更要能『兼善天下』。現在，你已經有很好的學問，應該出來為國家做事，為老百姓謀福利，為何你還拒絕大官、貴族們的聘請呢？」

「因為城裡這些大官、貴族，個個過著驕奢淫逸的生活，根本就沒想到那些正在挨餓受凍的老百姓。看到那些人我心裡就有氣，恨不得痛罵他們一頓，看能不能把他們罵醒，又怎麼可能和他們同流合污，在他們底下做事呢？」

崔瑗聽了覺得很有道理，便不再勸他了。

有一天，張衡又窩在東觀看書時，突然聽到急促的腳步聲由遠而近，抬頭一看，才知來的人是崔瑗，立刻關心的問：「崔兄，究竟發生什麼事了，讓你跑得這麼急？」

崔瑗喘著氣說：「馬融、馬續的父親，馬嚴馬老先生過世了！」

「啊——那馬融和馬續不就要立刻趕回去奔喪？」

一見到崔瑗點頭，張衡立刻拉著他往門外衝出去。

　　當他們找到馬家兄弟時，他們已經上了馬車，準備趕回家鄉。由於時間緊迫，所以彼此只能簡單互道珍重再見。

　　少了馬氏兄弟，張衡覺得日子變得平淡許多。沒想到過沒多久，又有惡耗傳來，好友崔瑗在故鄉的哥哥被人殺害。崔瑗一得知消息，立刻打包行李，準備離開洛陽回故鄉處理。

　　捨不得好友離去的張衡，依依不捨的送他到洛陽城門。見他要出城門了，還是一副怒氣沖沖的樣子，張衡不得不憂心的勸他說：「崔兄，你回到故鄉，千萬別意氣用事，凡事一定要三思而後行。」

　　離情讓崔瑗心中的怒火暫熄，他轉身緊握張衡的手說：「張兄，不用為我擔心！請珍重，期待他日有緣再相會！」然後便跨上駿馬，毅然決然的出城去了。

　　不過令張衡擔心的事還是發生了。率直的崔瑗回到故鄉沒多久，便傳來他因殺死仇人而被捕下監的消息，讓張衡既難過又擔心，卻又因自己無權無勢，無法為好友盡任何心力而懊惱不已。

　　少了好友們一起砥礪學習，張衡覺得太學裡的生活，不再像以往那麼充實；想到好友們都回家鄉了，無限鄉愁湧上心頭，讓他也想回家鄉和親人相聚。這時，剛好家鄉南陽郡新任太守鮑德來信，想聘請張衡回南陽當他的主簿＊，管理文書，協理郡政推行。

　　看完信後，張衡心裡想:「聽說鮑德是個人品和學問都很好的人，他的來信又充滿誠意，當他的部屬，應該是件不錯的事情。

＊主簿　可以說是太守的祕書，協助太守處理公事。

何況這幾年來，我雖然省吃簡用，所帶的銀子也用得差不多了，如果在這兒繼續住下去，恐怕無法維持生活。不如，趁這個機會回家去，除了可以早日與家人團聚外，也可以趁此機會為家鄉的百姓們服務。」

　　一打定主意，張衡就立刻回信給鮑德，表示願意接受他的聘書，並收拾行李，趕回家鄉。

　　回到家鄉後，經過一段時間相處，張衡發現鮑德是個敬老尊賢、愛護百姓、信任部屬的好長官，所以張衡在他底下做事相當愉快。其中最令張衡佩服的是，鮑德雖然是個讀書人，卻對農田水利相當有研究，不但親自畫出工程圖，還指導工人為南陽地區開通溝渠、蓋蓄水壩，以期在雨季時溝渠可以疏通洪水，在乾旱時水壩可以灌溉水田。

　　有一天，他們倆一起去巡視

工程時，張衡忍不住請教說：「大人，你怎麼會對農田水利這麼有研究呢？」

「這都是跟我父親學的。」

鮑德跟張衡詳細解釋，他如何跟父親鮑昱學習開浚溝渠、蓄水灌田的技巧。張衡聽了相當訝異，繼而深感佩服說：「令尊不拘泥於世俗『萬般皆下品，唯有讀書高』的觀念，對實用的農田水利工夫下得這麼深，真是令人敬佩。」

「我父親的技巧與精神的確令人敬佩，可惜我學得不夠精。」

張衡詫異的問：「大人為什麼這麼說？」

鮑德翻著自己的設計圖，皺著眉頭說：「我所設計的閘板、水車過於笨重，日後使用起來，恐怕會使水源疏導或宣洩的效果大打折扣，但我又畫不出更好的設計圖。唉！真是傷腦筋啊！」

　　鮑德那一張張的工程設計圖，勾起了張衡無比的好奇心，躍躍欲試的他立刻開口問：「大人，能不能讓我試試看？」

　　只聽過張衡文名的鮑德，詫異的瞪大眼睛問：「你會？」

　　張衡老實說：「目前還不會，不過我想要試試看。」

　　鮑德望著張衡想了想，覺得他不像是好大喜功、信口開河的人，便答應說：「好，就讓你試試看。如果你能成功，老百姓就有福了。」

　　在鮑德不藏私的細心指導下，張衡學會了一些閘板、水車的製作原理，經過再三的實驗改良後，他果然設計出便捷而有效的閘板、水車，讓疏導或宣洩水源都不費力氣。

　　望著剛完工的農田水利工程，鮑德讚賞張衡說：「恭喜你，你研究成功了！」

「這一切都是大人指導有方。」

經過這次的合作，讓鮑德和張衡兩人建立了絕佳的默契。之後，無論鮑德重建學校，推廣地方教育，或是選舉孝廉，獎勵讀書人的氣節等等各項政務，張衡都全力配合，盡心協助。因此，在鮑德和張衡合作無間下，南陽地區的老百姓過著豐衣足食的生活。

當許多工作告一段落後，擔任主簿的張衡跟著清閒不少。不過，閒不下來的他，立刻集中精力，進行文學創作。

其實張衡在擔任鮑德主簿的第一年，便有感而發，將他和鮑德之間相知相惜的情誼，寫成一首〈同聲歌〉的五言詩。詩中他把自己比喻成妻子，把鮑德比喻成夫君，字裡行間盡情抒發他對鮑德的崇敬，並表達他協助鮑德

處理好郡內政務的決心。

基於「好東西要和好朋友分享」的心理，所以張衡一寫完，立刻拿去向亦師亦友的鮑德討教。鮑德看了之後大聲叫好，說：「這首詩寫得好極了！不但內容寫得好，題目更是棒。『同聲』正是指《周易・乾文言》裡所說的『同聲相應，同氣相求』啊！相信每個看過這首詩的人，都可以從字裡行間感受到我們之間的深厚友誼。」

「還望大人能多多指教。」

鮑德大笑，說：「你的文才那麼好，我實在無從指教起啊！」

得到鮑德的讚賞令張衡非常開心，但他仍謙虛的說：「大人過獎了。」

「聽說你寫過不少作品，其中還寫了有關長安和洛陽的賦？」

「我曾寫過〈溫泉賦〉、〈七辯〉，但因我對長安、洛陽

的感觸很多，想為它們各寫一篇賦＊，分別為〈西京賦〉和〈東京賦〉，合稱『二京賦』。我打算用這篇文章挑戰著名的文學家班固的〈兩都賦〉。雖然班固的〈兩都賦〉非常有名，我也很敬佩班固的文筆，可是我覺得〈兩都賦〉尚未將長安、洛陽的『面貌』描繪透徹。可惜我花了好多年的時間，一寫再寫，一修再修，還是無法完成〈二京賦〉。」

「那是你求好心切，字字斟酌，才會花那麼多時間來寫〈二京賦〉。加油！我期待能早日看到你完稿後的〈二京賦〉。」

「謝謝大人的鼓勵，我一定

放大鏡

＊中國文學發展到了漢代，代表當時文學正統的便是辭賦，也就是漢賦。辭賦是屬於半詩半文的混合體。鋪陳美麗詞句是賦的形式，敘事寫物是賦的內容。賦的內容大都歌功頌德，是典型的宮廷文學，缺乏創意。不過到了東漢中期以後，賦家拋棄長篇形式，變為用短賦表現個人胸懷情趣，代表的作家有張衡、蔡邕、禰衡等。

會更加努力。」

　　在鮑德的鼓勵打氣下，張衡用盡心力，前前後後花了十年所寫的〈二京賦〉，終於在安帝永初元年 (107年) 完成了。

　　張衡一寫完，立刻拿去向鮑德討教。鮑德看完興奮的說：「你的〈二京賦〉文字典雅，取材翔實，改變了辭賦阿諛頌德的陋習，可以說是開啟了一代新風。比起班固的〈兩都賦〉，篇幅更長，辭藻更華美，又加入了許多民情風俗，內容更豐富有特色。〈西京賦〉描寫長安的奢華無度，官僚豪紳們的昏庸腐朽，黎民百姓的痛苦和仇恨；〈東京賦〉描寫洛陽的儉約之德、禮儀之盛。這當中形成強烈的對比，歌頌東漢，並要人們記取西漢的教訓。司馬相如曾說：『賦家之心，包括宇宙，總攬萬物。』張衡，你真的辦到了。」

「謝謝大人的讚美。這幾年如果不是大人的鼓舞，我也無法順利完稿。」

鮑德搖搖頭說：「我可不敢掠人之美，因為就算沒有我的鼓舞，憑你的才氣，還是能寫出〈二京賦〉這麼棒的文章來。」

由於〈二京賦〉描寫長安、洛陽的繁華，不但文辭美麗，擲地有聲，對那些權貴荒淫無恥的生活，做了一針見血的諷刺，獲得人們一致的讚賞，使得張衡的名聲因此大振，成為有名的文學家。

5

充電再出發

　　在張衡的協助下，鮑德將南陽郡治理得非常好，當全國各地不斷發生旱災、蝗害、水患、兵亂時，只有南陽郡的百姓仍能安居樂業，所以和帝南巡看到這個景象時，不但大大的誇獎鮑德，還當場送給鮑德一條朝廷重臣佩帶的彩綬，獎勵他的勤政愛民。

　　安帝永初二年，鮑德因政績卓越，被調入京城，擔任大司農的職務。能擔任更高的職位，為更多的百姓謀福利，令鮑德高興萬分，立刻邀請他的最佳拍檔張衡一起走馬上任，沒想到張衡竟然拒絕。

　　「為什麼？」鮑德訝異的問。

　　「我……」

　　見張衡欲言又止，鮑德以為張衡不想再屈居人下，說：「其實

依你的才能，早就可以獨當一面，擔任朝廷命官。只是，鄉里長要選你當孝廉，你不答應；我要向朝廷推薦你，你也不肯。因此，我才私心的留你擔任我的左右手這麼多年。我知道只讓你當我的部屬，是委屈你了⋯⋯」

聽到這兒，張衡忍不住打岔說：「大人，能跟你這樣的好長官一起做事，為百姓謀福利，我覺得很榮耀，一點也不覺得委屈。」

「既然如此，為什麼你不陪我一起到京城就任呢？」

「我也很想跟你一起去，只是⋯⋯」張衡欲言又止。

「只是什麼？」

在鮑德再三追問下，張衡只好說出原由：「祖母過世了，家中只有母親在，我不放心放她老人家，而自己到外地工作。」

知道原因後，鮑德由衷讚嘆說：「你真是個孝子啊！既然你要

留在家鄉盡孝，我就不便再勉強你了。只是希望有一天，你能移孝作忠，到京城來發揮所長，為黎民百姓謀福利。」

「謝謝大人的體諒和肯定，並祝福大人能大展抱負。」

「謝謝你的祝福！也請你別忘記，我在京城等著你！」

「嗯，我不會忘記！我一定會去京城看你的！」

縱然離情依依，但因未來的規劃不同，曾經是最佳拍檔的兩人，也只能互道珍重再見。

鮑德一離開南陽，張衡便辭去主簿的工作，回家專心侍奉母親。

張衡小時候雖然喜歡動動腦，對新奇的東西好奇心重，不過他大部分的時間和精力，都花在研究儒家經典和文學上；和鮑德共事後，他才發現到，好的文學作品固然能振奮人心，但農田

水利這種實用科學，更能幫助一般平民百姓。因此，他雖然已經沒擔任公職，仍然熱心的協助鄰里鄉民修築各種農田水利工程，使家鄉的百姓們能安居樂業，不必遭遇到水災、旱災之苦。

有一天，他正在家裡研究製作新式農具時，突然有輛豪華的馬車在他家的門口停下來，車上下來了兩個雄壯威武的士兵。他們連門都沒有敲，就傲慢的推開大門走進來，一個在屋裡隨意東張西望，一個惡形惡狀的衝著張衡問：「喂，張衡在不在？」

看他們來勢洶洶，出言不善，所以張衡並沒有表明身分，只是起身問：「你們是誰？為了什麼事來找張衡？」

士兵們很跩的回答說：「我們是當今朝廷權勢最大的鄧大將軍派來的，要請張衡到洛陽當大官。」

「鄧大將軍？」張衡一時想不起來鄧大將軍是誰。

「就是當今皇太后的兄長呀！連這都不知道，真是個沒見識的鄉巴佬！喂，本大爺忙得很，你還不快去把張衡叫來！」

「喔。」張衡隨意應聲便走進屋裡，然後從後門溜了。

溜出家門後，張衡立刻躲在附近的山上；直到那輛豪華馬車離去，他的妻子上山找他，他才返回家中。

張衡會這樣做，是因為淡泊名利、不羨慕榮華富貴的他，對這種「不禮之請」非常反感，所以不願接受這樣的當官機會。

在家鄉這段期間，由於沒有繁瑣的雜務纏身，所以張衡在研發新式農具、做好農田水利之外，也有充裕的時間讀書寫作，並了解家鄉的文物景致。熱愛家鄉的他，因而寫了一篇歌頌故鄉

山河壯麗、土地肥沃、物產豐饒的〈南都賦〉。

由於張衡文章寫得好，所以聲名遠播，加上在京城的鮑德的大力推薦，連皇上也聽說了他的文名和政績，知道他是個賢能的人。因此，在他三十四歲時，皇上發了一道「求賢詔」，派了輛豪華馬車來接他到洛陽當官。

雖然張衡很想一展抱負，為黎民百姓謀福利，更想到京城和久未謀面的鮑德見面，但是想到母親年紀已經很大了，不方便遠行；就算全家人能陪他一起去京城上任，他也沒有足夠的銀兩可以購屋安置家人。因此，便想拒絕皇上的好意。

他的妻子知道後，勸他說：「有我和小鵬兒在家陪著娘，你不用擔心。何況這是皇上的命令，又是個你能施展抱負的難得機會，你不該放棄啊！」

「可是……」張衡雖然知道妻子的話很有道理，卻仍猶豫不決。

這時，聽見他們談話內容的張母，抱著孫子小鵬兒進房來，說：「衡兒，你的孝心我知道，但我的身子還硬朗，再活個一、二十年絕沒問題；又有媳婦和小鵬兒跟我作伴，不怕孤單無依，你就不必為我操心了。何況你年紀也不小了，早該像你祖父那樣，創下輝煌的功績，為我們張家爭口氣，也給小鵬兒做個好榜樣啊！」

有了母親和妻子的支持與勸勉，張衡便接受任命，上了馬車，遠赴京城洛陽，為自己的理想奮鬥。

6 痛失良師益友

　　張衡再次奔波在通往洛陽的
路途中，與上次不同的是，這次
他人生的方向已定，並且因即將
見到久未謀面的良師益友，而滿
心的興奮與期待。

　　一到了洛陽，張衡就被任命
為尚書臺郎中，主要是做文書起
草的工作。他在朝中任職的同鄉
和好友，聽到他來了，立刻趕來
探望他。雖然大家好久沒聚在一
起，卻也不會因分離許久而感情疏
遠，大家依然熱絡的聊著家鄉的
種種和敘說以往相處的情景。

　　這時，從門口突然衝進一個
人，在人群中找到了張衡，立刻
熱情的上前抱住他，激動的說：
「張兄，你終於來了！」

　　雖然張衡對這人的形貌有些
兒陌生，但一聽到熟悉的聲音，

他立刻認出是好友馬融，激動得熱淚盈眶，緊緊相擁，久久不能言語。

當情緒平復些後，他們才互道別後種種。在得知馬融和眾好友的近況都不錯後，張衡感到好欣慰，立刻問起另一個讓他掛念已久的人：「我好久都沒有鮑德鮑大人的消息了，不知道他近況可好？」

沒想到原本熱絡的氣氛，卻因張衡的問話而沉寂下來，讓張衡大為緊張，緊接著問：「難道……鮑大人的近況不好嗎？」

馬融嘆口氣說：「的確不太好。今年開春以來，鮑大人就臥病在床，還常咳出血來，看過許多大夫，仍未見起色，恐怕來日不多了。」

「啊……」張衡聽了大為震驚，終於明白為何好些日子以來，他寫給鮑德的信都石沉大

海，沒有回音。為鮑德健康擔憂的他，立刻請馬融帶他到鮑德的住處拜訪。

到了鮑德的住處，張衡隨著他的家人來到房間，看到鮑德久遭病魔折磨的瘦弱模樣，心裡不禁一陣刺痛，頓時領悟到這位良師益友來日不多時，淚水不禁在眼眶中猛打轉。

鮑德聽到家人說來訪的人是張衡，開心極了，雖然他已病入膏肓，體力相當差，仍然用盡全身力氣提高嗓音，對著站在房門口的人影，熱情招呼說：「張衡，真的……真的是你嗎？快……快……進來！」

張衡立刻用袖子把臉上的淚水擦乾，硬擠出微笑，才走到鮑德的病榻前，說：「大人，好久不見了……」

聽到張衡的聲音，鮑德興奮極了，在家人的攙扶下坐起身

來，奮力睜大雙眼，看清楚站在面前的人的確是張衡，確定這一切不是迴光返照的錯覺後，他開心的笑著說：「張衡，真的是你……我以為這輩子……再也見……見不到你啦！」

一說完，鮑德就咳個不停，張衡趕緊向前輕拍他的背。

鮑德的話讓張衡鼻酸不已，盈眶的淚水差點滑落下來。不過，不想惹鮑德難過，在鮑德的氣順暢多了後，張衡故作輕鬆的說：「怎麼會見不到呢？我這不就來了嗎？」

雖然他們倆有許多話要說，卻因鮑德病重體力不濟，所以兩人只有閒聊幾句，張衡就讓鮑德歇息了。

不過，在往後的日子裡，張衡一有空，就到鮑德家陪他說說話，服侍他喝湯藥，期望竭盡自己所能，可以讓好友的病能奇蹟

般疼癒。

可惜事情未能如張衡所願，三個月後，鮑德的病仍然回天乏術。

「我要走了……」

鮑德的這句話令張衡強忍的淚水為之潰堤。

見到張衡淚流滿面，鮑德輕拍他的手，安慰他說：「生死有命啊，不用為我難過……能夠再次與你相聚，我已經很滿足了……能看到你在朝廷施展抱負，為百姓謀福利，我這輩子已經沒有任何遺憾了……別忘了，你要好好珍惜自己，發揮長才，繼續為更多百姓做事造福啊……」說完這些話，鮑德就安詳的與世長辭了。

雖然張衡對鮑德病逝之事早有心理準備，可是真的碰上了，仍然令他悲憤難抑，嚎啕大哭，眾人聽了也為之鼻酸。

　　之後連續幾天，張衡都沉浸在喪失良師益友的痛苦中，不但吃不下睡不好，也不理會任何人，還向朝廷請假，怠忽職責。

　　馬融一得知消息，立刻前去探望張衡，對他說了一堆勸勉的話，怎奈張衡全都充耳不聞，無動於衷，令馬融又氣又急，卻又不知該如何是好。最後，馬融痛心疾首的對張衡說：「鮑大人臨終時叮嚀囑咐你，要好好珍惜自己，發揮長才為黎民百姓謀福利，你做到了嗎？」

　　這話令張衡為之一愣，腦海裡浮現出鮑德臨終時囑咐他的情景。

　　看到張衡有所悟的神情，馬融暗自心喜自己終於能喚醒這個「夢中人」了。他立刻接著說：「你那麼敬愛鮑大人，何不用你絕佳的文筆，將鮑大人的德政功績，和你痛失鮑大人這位良師益

友的感受，寫成一篇祭祀文，來
追念鮑大人呢？」

張衡覺得馬融的建議非常
好，立刻振筆疾書，洋洋灑灑的
寫了一篇〈大司農鮑德誄〉。他
除了將自己對鮑德的感念之情融
入其中外，並下定決心要好好振
作，絕不辜負眾好友的關心和鮑
大人的期望。

7 迷上《太玄經》

決定好好振作的張衡，除了盡心盡力做好自己分內的工作外，還熱心參與東觀校書，和好友劉珍一起校定五經、諸子百家等典籍。史學造詣不錯的他，甚至還對《史記》、《漢書》提出了十幾條修正的意見。

雖然張衡自己的工作量已經不少了，卻仍然對於其他部門請教他有關修治河渠、製作工具等事情，竭盡心力幫忙。

馬融見他工作繁忙，常廢寢忘食，忍不住勸他說：「張兄，我要你好好振作，可沒要你拼得連身體都不顧啊！」

「馬兄，謝謝你的關心。不過我雖然常常忙得忘了吃、忘了睡，卻是越忙精神越好。」

馬融聽了開玩笑的問：「為什

麼？難道你是不用吃飯休息的神仙啊？」

張衡笑著搖頭說：「我當然不是神仙。不過因為我喜歡我的工作，所以我樂在其中。」

見張衡真的越忙越有活力，馬融便不再說些什麼，只是再三叮嚀他別累壞身體。

雖然工作細瑣，雜務繁多，張衡仍不忘利用零碎的時間看書。而在所有的書籍中，揚雄的《太玄經》＊讓張衡受到最大的啟發。

由於張衡的興趣非常廣泛，因此，雖然曾和崔瑗、馬融、馬續等好友，一起研究過星象、曆算、算數等，卻只能算是皮毛般

放大鏡　＊揚雄是西漢末年的學者，他所寫的《太玄經》，是一部研究宇宙現象的哲學著作，裡面談到許多天文曆算方面的問題。受此書的影響，讓張衡產生了尋求宇宙發展規律的願望，因而將自己的後半輩子投入科學研究中。

涉獵，比不上他在文學上所下的心力。但看過揚雄的《太玄經》後，令張衡產生了尋求宇宙發展規律的願望，讓他開始由對文學的愛好，轉向對天文、曆法、數學的研究，為他以後的許多發明打下了良好的基礎。

這期間令張衡最開心的一件事，就是他的好友崔瑗特赦出獄了。

雖然崔瑗無法來京城與他相聚，不過兩人靠書信往返，深厚的友誼依然沒變。

在閱讀完《太玄經》後，張衡立刻寫信將心得和同樣喜歡天文的崔瑗分享。信中他提到:「由於《太玄經》寫得比較簡略，讓我看了有種意猶未盡的感覺，因此，我準備做進一步的研究，將我的心得和查到的相關資料，用來幫《太玄經》做注解……」

崔瑗回信說:「我也正打算這

麼做！我們真不愧是知心好友，雖然相隔千里，卻仍心意相通……」

經過一番研究討論和心得交換，他們兩人都寫出了擁有各自特色的《太玄經注解》，擅長繪畫的張衡*甚至還繪製了「太玄圖」呢！

由於張衡工作上表現不錯，因此在安帝元初元年 (114年) 升任尚書侍郎。第二年，三十八歲的張衡再度升官，擔任太史令，掌理天時、星曆，管轄明堂、靈臺，起草文書，策命諸侯卿大夫，記錄國家吉凶大事，編纂史書，兼管國家典籍、天文曆法、祭祀等等。

張衡雖然擔任過許多官職，但太史令這份工作才真正符合他

放大鏡

*唐代張彥遠在他的《歷代名畫記》中，列出東漢名畫家六人，張衡居六大畫家之首。

的興趣和專長，因為工作項目雖然繁雜，但每項工作內容卻相當單純，部門裡還有許多觀測天文、星象的儀器，可以讓他更進一步觀察、探究宇宙的奧祕。

另外，隨著升上太史令，還有一件事讓他開心，那就是官位較高的他，待遇比較優厚，薪水是初任郎中時的三倍，又有家眷宿舍可以住，因此，他立刻派馬車將留在家鄉的家人接來京城同住，一家團圓。

看到母親依然健朗，孩子長大許多，張衡滿心歡喜，感激的對妻子說：「這些年我不常在家，謝謝妳為我辛苦持家，照顧一家大小。」

「大家都是一家人，何必言謝呢！何況這是我應該做的。」

工作與興趣相結合，加上和家人團聚無後顧之憂，讓張衡意氣風發，春風滿面，工作起來更

加賣力，使得好友馬融忍不住調
侃他說：「張兄，做官很享福吧！」

沒想到張衡竟然搖搖頭，回
答說：「做官享什麼福，研究學問
才是享福。我要好好利用太史令
官衙裡的儀器，多做研究，好為
百姓多做一點事情，這才是享
福。」

馬融聽了心有同感的點點
頭，敬佩的說：「如果每個當官的
都像張兄這麼想，那天下老百姓
就有福了。」

8 製作渾天儀

　　當太史令的張衡，屬下具備專門知識的各種人員有八十來個，分別掌管推算曆法、觀測日月星辰、偵測記錄風雨氣象、調理鐘律等事。

　　有一天，張衡走向靈臺，遠遠就聽到爭辯不休的聲音。

　　他尋聲走去，看到他的許多部屬聚集在一起，七嘴八舌的，不知在吵些什麼，忍不住向前詢問：「你們吵得面紅耳赤，究竟在爭論些什麼啊？」

　　眾人看到問話的人是他們的頂頭上司張衡，立刻向他躬身作揖問好，停止了爭吵，不過卻沒有人回答張衡的問題。

　　「你們還沒告訴我，究竟是為了什麼事而吵？」

　　眾人你看我、我看你的，沒

有人敢開口。

看到這個情形，張衡只好點名回答：「靈臺丞＊，你們究竟是為了什麼事而吵？」

被點到的靈臺丞望了其他人一眼，坦白的說：「回大人的話，我們正在爭論現在流行的『宇宙構造』的幾種說法，哪一種是對的。」

張衡聽了很開心，覺得不愧是他的部屬，連爭論的事情都這麼有學問。「喔？那你們爭論的結果如何？」

「稟大人，『宣夜說』、『蓋天說』、『渾天說』這三派主要學說都有人支持，大家都認為自己支持的學說是正確的，因此我們才會僵持不下，吵個不

放大鏡

＊管理靈臺的總管是靈臺丞，屬太史令管轄，上面有候氣的、候風的、候日的、候星的等四十多人，機構龐大，分工細密。

停。」

「原來你們是在討論這件事啊！」

「請問大人，你是支持哪一派的學說？」

靈臺丞一問完，眾人都以專注的眼神望著張衡，期望這位天文專家能和自己有相同的見解，和自己站在同一陣線。

張衡想了想，開口說：「這三種學說裡的『蓋天說』，認為天像個斗笠、地像個棋盤，斗笠蓋在棋盤上，日月星辰固定在斗笠上，斗笠不停的轉動，所以日月星辰也不停的運行；『宣夜說』則是認為天是空空洞洞的，日月星辰就飄浮在這空空洞洞的天空裡。但不論是『宣夜說』，還是『蓋天說』，都沒有辦法解釋日月星辰的運行規則。」

反對這兩種學說的人，得意的說：「我們就說『蓋天說』和

『宣夜說』不正確，你們就不信，現在服氣了吧！」

支持這兩派學說的人不服氣的說：「張大人只有說『蓋天說』和『宣夜說』不正確，可沒有說『渾天說』就正確。」

反對「渾天說」的靈臺丞立刻詢問張衡說：「大人，你真的贊同『渾天說』嗎？」

張衡點點頭，解釋說：「在這三種學說中，我的確比較支持『渾天說』。『渾天說』的理論解釋天就像一個蛋殼，而地是被這個蛋殼包在裡面的蛋黃，日月星辰都生長在殼上，天殼不停的轉動，日月星辰也跟著不停的運行。所以我覺得『渾天說』比較合理*。」

「大人說的或許正確，可

放大鏡

＊以現代的科學眼光來看，其實是「宣夜說」比較正確。

是，無論哪一種學說，都只是空口說白話，根本拿不出強而有力的確切證據來證明，而我們又無法飛上雲霄去觀察，為什麼日月星辰能每天從西邊落下，隔天又從東邊升起……」

張衡打岔說：「我有辦法證明『渾天說』的理論比較合理！」

眾人聽了都瞪大眼的望著張衡，繼而面面相覷。終於，有人忍不住開口問：「大人，你是說你可以帶我們飛上雲霄，觀察日月星辰的運轉情形嗎？」

張衡趕緊否認說：「我不是這個意思！我不是這個意思！」

「啊──不是啊！」眾人齊聲嘆氣，惋惜的說。

「我又不是神仙，哪有飛天遁地的本事呀！？」

「那大人有什麼辦法，可以證明『渾天說』的理論比較合理呢？」

「這簡單，宣帝時，耿壽昌中丞就曾經以『渾天說』的理論，鑄造模擬天體運行的渾天儀＊，只要用它來比照日月星辰的運轉情形，就可以知道『渾天說』的理論是否正確了。走！我們現在就去求證吧！」

當大家興沖沖要去看渾天儀時，靈臺丞竟然出聲阻止說：「請……請等一下！」

「怎麼了？」

靈臺丞面有難色的說：「渾天儀已經……壞了，不能用了。」

張衡詫異的問：「壞了？怎麼可能！前些時候，賈逵侍中才幫它加了一圈黃道環，現在怎麼可能壞了呢？」

放大鏡

＊漢代是中國古代天文學的黃金時代。從漢高祖劉邦統一天下後，在曆法、天文觀察的儀器、觀測技術、理論研究等方面，都有顯著的成績。而在漢武帝時，落下閎設計渾天儀；在宣帝時，耿壽昌鑄銅為象，完成了中國第一座渾天儀。

　　靈臺丞解釋說：「其實經過多年來的風吹日曬和雨淋，渾天儀早就多處損壞，不堪使用了，賈逵侍中所做的，只是讓渾天儀能『苟延殘喘』些日子罷了！」

　　張衡想了想說：「我們還是先去看看再做打算吧！」

　　登上靈臺，張衡繞著渾天儀四處打量檢查，看著這個前人所造的天文儀器如此不受愛惜，心中既不捨又氣憤，問：「這麼寶貴的儀器，當初為什麼不將它安放在密室裡呢？」

　　一個支持「渾天說」的官員難忍心中不滿，打岔說：「當然是因為靈臺丞反對『渾天說』，才會將渾天儀隨意擺放，暴殄天物。」

　　靈臺丞氣憤的辯解說：「你別含血噴人，事實才不是這樣呢！」

　　「那你說，事實是怎樣？」那官員緊迫盯人的追問。

靈臺丞沉住氣解釋說：「我接任靈臺丞時，渾天儀就已經擺在室外了。那時，我雖然發現渾天儀已經有些損壞了，可是在方便觀測和比對日月星辰運轉情形的前提下，我才沒有將它移到室內去。誰知這些年下來，它竟然經不起大自然的摧殘，毀壞得更加厲害。虧它還是用堅硬的銅鑄造而成的，竟然這麼脆弱！」

「大自然的力量是很大的。」張衡由衷的說。

大家點點頭，對張衡的話深表同感。可是，剛剛爭議的事仍未解決，因此有人開口追問：「大人，除了渾天儀外，還有沒有其他法子，可以來證明『渾天說』的理論比其他理論正確呢？」

張衡想了想，最後仍搖搖頭。

一些支持「渾天說」的人相當失望，進而責怪起靈臺丞來：

「渾天儀會損壞，都是靈臺丞未善盡職責，應該將他革職查辦！」

靈臺丞辯解說：「一開始又不是我把它擺在屋外的，幹嘛全歸咎於我!?」

「你這根本就是在推卸責任，懦夫的行為……」

靈臺丞惱怒的回答說：「是你們蠻橫不講理……」

眼看爭吵的雙方快要打起來，張衡趕緊勸阻說：「別再吵了！現在最重要的是趕緊把渾天儀修理好。」

「渾天儀毀損得這麼厲害，修得好嗎？」眾人問。

張衡看了看，發現渾天儀的確已毀壞到難以修復的地步。他想了想，說：「沒法子修復，就再做一個新的就好了。」

有人立刻提出實際問題說：「大人，如果要再重新做一個，請問由誰來做？」

　　這問題令張衡一時答不出來，因為他知道渾天儀是個模擬天體運行的精密儀器，沒有專業的天文知識是做不出來的，他想了想，毅然承諾說：「如果無法修復，就由我再做一個新的好了。」

　　有了張衡的保證，這場風波才暫時平息。

　　在確定渾天儀無法修復後，張衡便開始了製作渾天儀的預備工作。他將自己長期以來觀察日月星辰運行規律的紀錄，用來修正「渾天說」不足的地方，期許自己能做出更精確的渾天儀。

　　張衡怕自己所學不足或觀察有誤，便和好友崔瑗藉著書信往返交換天文方面的見解，還和幾個部屬一起觀察實驗。不過，他最得力的助手卻是自己的兒子張鵬，因為張鵬在耳濡目染下，不但對天文有興趣，對研究發明的興致更高，常常提出不錯的意

見 。

　　經過了無數次的觀察、研究和修正，費時一年多，張衡終於畫出設計圖，請工匠用竹篾製作出一個渾天儀的模型，由於體積比先前的渾天儀小，因此張衡就叫它「小渾」＊。

　　張衡用「小渾」來對照日月星辰的運行，並加以記錄和修正。當「小渾」越來越準確後，他決定用銅來鑄造一個比較持久耐用的「大渾」。又經過了一年多，也就是安帝元初五年（117 年），四十歲的張衡終於完成了這個銅鑄的渾天儀。

放大鏡

　　＊小渾　是一個較渾天儀小些的木質圓球，在圓球上先畫出一大圓為「赤道」，再畫一個與之成二十四度交角的大圓為「黃道」，在黃道與赤道上各分成三百六十五又四分之一刻度，兩者的起始都在「冬至點」，因為古代是以冬至作為一年的開始。在小渾最裡頭的一個圈當作地表，有一根空管穿過，然後透過空管來觀察代表赤道的赤環、代表太陽運行的黃環、代表星宿排列的星環，就好像人站在地表上抬頭觀看星象一般。利用這種方法，可以注意到天體運行的規律，並且記錄下來。

渾天儀一完成，張衡立刻將所有的部屬召集到靈臺上，然後邊輕輕的轉動渾天儀上的銅圈，邊就眼前的天象慢慢對照解說，當大家發現渾天儀上的星象和遠在天邊的星象相吻合時，忍不住擊掌叫絕，紛紛讚賞張衡聰慧過人，只有靈臺丞一人沉默不語。

張衡見了關心的上前詢問：「怎麼了？」

靈臺丞幾番欲言又止，後來在張衡的鼓舞下才開口說：「大人，你的渾天儀的確比前人所做的要精良正確許多，但是，如果它不需要用手來轉動，而是能像日月星辰那樣自行轉動的話，就更有說服力了。」

靈臺丞的話一說完，一些平時就看不慣他的人氣憤罵道：「靈臺丞，你是不是不願承認『渾天說』比較正確，才故意找碴的？」

「我絕無此意！」

「你沒有才怪！」

當雙方快要吵起來時，卻看到張衡突然興奮的抓著靈臺丞的手，說：「你的點子真是太好了！」

「什麼！？」大家詫異的望著張衡。

「不過，要怎樣才能讓渾天儀像日月星辰那樣自然轉動呢？我得仔細想想、我得仔細想想……」

兀自沉浸在自己思維中的張衡，邊說邊獨自離開靈臺，並沒有注意到眾人詫異的神色。

接下來的幾天，張衡絞盡腦汁，嘗試在渾天儀上加一種讓它自己轉動的儀器，可惜他試了幾種方法都失敗了，令他相當苦惱。

有一天，張衡又在書房裡工作到很晚，他的妻子進來對他說：「時候不早了，快點回房休息吧！你呀，都四十歲了，不再是

年輕小夥子了，別老是熬夜做研究，免得累壞了身體。」

張衡揉揉發酸的雙眼，伸伸懶腰，隨口問：「現在是什麼時辰了？」

「子時過一刻了。」

「咦？妳怎麼知道這麼清楚？該不是要我早點休息，而瞎矇我的吧？」

張妻邊幫張衡整理桌上的竹簡邊回答說：「才不是呢！而是我剛剛經過院子時，仔細看了一下院子裡的滴漏壺＊，才知道現在是子時過一刻了。」

「原來妳是看過滴漏壺喔……」張衡忽然靈機一動，高興的抓著妻子的手說：「我有法子了！我可以將滴漏改裝一下，利

＊滴漏壺　是古代測知時刻的儀器，它用一個特製盛水的器皿，下面開個小孔，水一滴一滴流到刻有時刻記號的壺裡，人們只要看到壺裡水的深淺，就可以知道是什麼時刻了。

用水滴的力量推動渾天儀，這樣它不就可以自動慢慢運轉了嗎？」

一說完，張衡就興奮的往外衝，張妻見他跑錯方向，立刻叫住他：「我們的房間是在這邊，不是那邊。你累糊塗了是不是？」

「我不是要回房！」

「已經很晚了，你不回房休息，還要去哪裡？」

「我去院子裡研究滴漏！」

望著張衡消失的背影，張妻無奈的嘆口氣說：「每次都這樣，只顧研究，從不注意自己的身體。唉！」

接下來幾天，張衡全心投入他的實驗。他在滴漏上加了一支用銅鑄成的細導管，導引滴漏裡的水一點一滴的滴在渾天儀上，使它慢慢的轉動起來。看到這樣的成果，張衡雀躍的叫嚷說：「渾天儀會自己轉動了！渾天儀會自己轉動了！」

在兒子張鵬的協助下，經過幾次實驗後，張衡終於把滴漏和渾天儀的距離調整好，使水滴的力量恰到好處，讓渾天儀轉動的情形和天體運行的情況相符合。

實驗成功令張衡欣喜萬分，雀躍不已，忘記所有的疲憊。他立刻將改良後的渾天儀安裝在靈臺旁的一間密室裡，並告訴負責管理密室的人說：「待會兒大家聚集在靈臺觀察星象時，如果你看到渾天儀有任何異動，便大聲向我報告哪些星辰移動了，以及那些星辰新的移動位置。」

「是。」

安排好所有事情後，剛好是夜幕低垂時，張衡立刻派人去把所有相關人員聚集在靈臺上。當所有人到齊後，張衡故作神祕對眾人說：「最近我費盡心思、重金禮聘了一位『星象先知』，他不用親眼目睹星象，就可以正確說

出星象移動的情形。」

聽了張衡的話，眾人面面相覷，都不相信真的有這樣的能人，但沒有人敢直接質疑上司的話。不過在一片沉寂後，靈臺丞終於忍不住，向張衡提問說：「大人，世上真的有這樣的先知嗎？」

「當然有。而且，此刻他就在靈臺旁的這間密室裡。」

「啊──」眾人詫異的叫出聲來。

「大家不相信的話，我可以立刻證明給大家看。」

當密室裡的「先知」說出現在哪一顆星正在升起，哪一顆星正在到達天頂，哪一顆星正在落下去，一切都準確的和天象相符時，眾人嘖嘖稱奇，紛紛圍著張衡說：「大人，能不能讓我們見見這位先知的廬山真面目？」

「當然可以，大家隨我來吧！」

當眾人來到密室，看見裡面只有一個僕役裝扮的人時，詫異的問：「他就是大人所說的『先知』？」

「不是。」張衡笑著否認說。

眾人環視密室一圈，確定沒有其他人後，問：「請問大人，你所說的『先知』在哪裡？」

張衡指著渾天儀※說：「它就是我所說的『先知』！」

眾人萬分驚異的問：「它就是『先知』？它不過是個渾天儀罷了，怎麼會是『先知』呢？」

張衡將渾天儀的構造跟眾人詳細解說後，指著渾天儀上的一

放大鏡 ※渾儀是測量星星座標的儀器，它是由很多銅製的圓環構成的，不能表示星象，展現星辰起落。渾象，是用來表示天象的儀器，類似現在的天球儀。它是一種銅製的圓球，球面上列有眾星，如果使用水力帶動渾象旋轉，使渾象的轉速有如地球自轉速度，就可看見渾象上面的起落星辰，有如天象一般。渾儀與渾象的構造不同，後人常混為一談，使得名稱混淆不清。總而言之，張衡所發明創製的渾天儀，是一種水運渾象，而非渾儀。

點說：「火星快要落到地平線下了。大家若不信，可以到外面看看。」

眾人半信半疑的跑到密室外觀察天象，發現火星真的要降落到地平線下了。

看到這個鐵證，大家不禁大為讚嘆的說：「哇！這真是太神奇了！大人能發明出像『星象先知』的渾天儀，真是令人佩服啊！」

完成天文著作《靈憲》

渾天儀一事，讓靈臺丞對張衡佩服得五體投地，因此常和張衡利用渾天儀來觀察天體運轉的情形，並幫忙記錄。

有一天，當他們在觀察星象時，竟然發生「天狗吃月」。

靈臺丞看大地一片漆黑，聽到四處傳來敲打鍋碗瓢盆的敲擊聲和人們趕「天狗」的吶喊聲，忍不住問:「大人，你覺得有『天狗』嗎?」

「沒有!」張衡直接了當的否定。

靈臺丞疑惑的問:「如果沒有『天狗』來吃月，那為什麼剛剛高掛在天邊的皎潔明月，會忽然不見了呢?」

「這是因為我們居住的地球走到月亮前面，擋住了照射在月

亮上的陽光＊。」

靈臺丞接著問：「我還是聽不懂，大人能不能再解說詳細些？」

「根據多年來的研究，我發現太陽會自動發光，而月亮並不會。」

「可是我們看到的月亮相當明亮，應該是會發光的啊！」

張衡耐心的解釋說：「那是因為月亮將照射在它表面上的陽光反射出來的緣故。如果月亮本身會發光，就會像太陽一樣常圓，而不會有陰晴圓缺的現象發生了。」

「大人，你可不可以用實驗來證明這個說法是正確的呢？」

「沒問題。」

張衡帶靈臺丞到密室裡觀看

放大鏡 ＊月蝕的真正原因是地球本身把照月的陽光擋住了。張衡的看法距今已有一千兩百年，在當時就有這樣卓越的見解很不簡單。

渾天儀的運轉情形。看到渾天儀上的太陽、月亮，和當中的大地球排成一條直線時，張衡解釋說：「地球跑到太陽和月亮中間，把投射到月亮上的陽光給遮住了，因此，在地面上的人才看不見月亮；當地球慢慢移動後，月亮又能反射照在它上面的陽光，我們便能再次看到皎潔的明月了。」

靈臺丞恍然大悟的說：「原來『天狗吃月』是這麼來的。」

他們走出密室外，靈臺丞看到階臺旁邊掛了個奇特的東西，好奇的問：「請教大人，這個東西有何功用？」

張衡順著他的手望過去，笑著說：「我在完成渾天儀後，覺得沒有日曆在旁，觀測記錄上都相當不方便，於是就做了這個機械日曆，我把它取名為『瑞輪冥莢』。」

「『瑞輪冥莢』？」

「『冥莢』是傳說中的一種樹，每天生一個莢，生到第十五個以後，又每天掉一個莢，掉完以後再重新生長。受到它的啟發，我便在一個立軸上裝上十五個具有凸輪作用的撥板，使它們依次分別作用十五個冥莢，各按著應有的時刻升起和降落，然後把它放在渾天儀殿房外面階臺旁邊，接連到滴漏壺上去，也是利用漏水轉動和渾天儀連動。它從每月初一起，每天轉出一片木葉，到十五日共轉出十五片，然後每天再轉入一片，依次減少，到月末為止。因為陰曆是和月亮的運行相配合的，所以這種儀器不僅可以表示出日期，還可以表示出月亮圓缺的增減情形。」

靈臺丞聽了拍手讚佩的說：「這可是如假包換的『活日曆』啊！」

　　兩人走下靈臺時，靈臺丞忍不住說：「大人，你在天文方面有那麼多的獨到見解，為什麼不把它寫成書，以便流傳呢？」

　　「有啊！我已經寫了《渾天儀圖注》＊和《漏水轉渾天儀注》了。」

　　「大人的這兩部著作我已經拜讀過了。這兩部書雖然對渾天儀的構造解說得非常詳細，但卻沒提到像『月亮本身不會發光』等其他天文方面的事呀！」

　　張衡聽了點頭說：「嗯，你說得有道理，我就挪出些時間，著手整理我多年來的觀察紀錄和發

放大鏡

＊張衡在《渾天儀圖注》裡曾經寫著：「周天三百六十五度又四分度之一，又中分之，則一百八十二度八分之五覆地上，一百八十二度八分之五繞地下，故二十八宿半見半隱，其兩端謂之南北極，北極乃天之中也。」這裡張衡所說的「周天三百六十五度又四分度之一」和現今天文學所測量的地球繞太陽一周所需時間為 365.242216，即 365 天 5 小時 48 分 46 秒，兩個數字是接近的。

現，將它彙整成冊。」

「我也來幫忙。」

「嗯，那就有勞你了！」

在兒子張鵬、靈臺丞和許多天文方面的好友協助下，費時一年多，張衡除了完成天文學理論的重要著作《靈憲》外，還畫了一部記錄二千五百多顆恆星的星圖，叫「靈憲圖」。

在《靈憲》裡，張衡歸納了前人的概念，解釋天地的生成可分為三個階段：第一階段稱作「溟涬」，就是說在很久很久以前，整個宇宙間一片沉寂，什麼東西都沒有。但是，卻存在著宇宙萬物變化發展的規律。有了這個基礎，就能從無產生出有來。首先產生的是各種不同元素的氣體，互相混合在一起，不斷的運轉，渾沌不分。這便是第二階段，稱作「龐鴻」。又經過很長的時間，這團元氣清濁逐漸分

開，天在外面形成了，地在裡面定下了。天地構合精氣，生育出萬物。這個階段稱作「太元」。

此外，在《靈憲》一書中，張衡還提出幾個重要學說：

一、地為宇宙的中心，天體繞著地作周日旋轉＊。

二、地的最外層包著天球，不動的恆星就附著在天球上。

三、日月和金、木、水、火、土五星，合稱為「七曜」，在地與天球之間運動。

四、七曜視運動速度決定於離開地的距離，近則速，遠則慢。

放大鏡 ＊近代天文學證明，實際上並不是整個星空由東向西轉，而是地球由西向東轉。但由於古人不知地球自身會旋轉，反而產生了天球旋轉的觀念。天球旋轉是一種表象，所以張衡有半個周天繞地下，半個周天覆地上，以及二十八星宿半見半隱等說法。雖然張衡提出的理論有錯，但在天文不發達的當時，他對於行星運動規律的認識可說是十分卓越的。

五、 七曜可以分為運動速度快的和慢的兩類，運動速度快的以月亮為代表，包括水星和金星；運動速度慢的，以太陽為代表，包括火星、木星和土星。

六、 七曜離開地的距離是常有變化的，所以反映在它們的運動速度上就有快、慢及順、留、逆的變化，是行星運動距離地遠近變化的反映。

七、 以「地圓說」打破了傳統「地方說」的錯誤觀點。

　　　張衡將《靈憲》和好友崔瑗分享，崔瑗看了讚嘆的說:「這真是一部集天文知識的大成啊！有了它，許多愛好天文的人都可以無師自通，不必再瞎子摸象，盲目摸索了。」

10 善用齒輪巧發明

　　由於研究天文、律曆和製作儀器所需，所以張衡在數學方面也費了許多心力深入研究。

　　因此，在寫完《靈憲》後第二年，張衡也將他在數學方面的研究與見解寫成了《算罔論》，提出了圓周率為 3.16 強這個重要概念。

　　安帝建光元年（121 年），四十四歲的張衡轉任公車司馬令，總領天下徵詔之事。雖然公務繁雜，張衡仍然抽空從事他最喜歡的研究工作。

　　有一天，張衡下朝回來，在院子裡玩的小孫子看到他，開心的跑來抱住他，撒嬌說：「爺爺，你回來了啊！」

　　張衡一把將他抱起來，慈愛的問：「小瓶子，今天乖不乖？」

　　由於小孫子長得和張衡小時候很像，因此張衡就用他小時候玩伴幫他取的綽號，來當小孫子的小名。

　　「乖，奶奶說我最乖了！」

　　「有沒有看書啊？」

　　「有，看好多書了，爹說我好棒喔！」

　　「嗯，小瓶子的確很棒！」

　　「爺爺，你和我一起放風箏好不好？」

　　「爺爺忙，你找你爹吧！」

　　「找過了，可是爹說他有許多事要做，沒有空。」

　　張衡知道兒子張鵬的確很忙，雖然兒子沒有出仕當官，卻常幫公務繁忙的他料理家中裡裡外外、大大小小的事，有時還得幫他蒐集資料、協助研究的進行，難怪兒子也是大忙人一個。

　　「爺爺，你陪我一起放風箏啦！」小瓶子撒嬌說。

　　雖然張衡還有許多事要忙，但看到小瓶子可愛的臉龐，實在不忍心一再拒絕他，便決定忙裡偷閒，和小孫子在花園裡放風箏，享受一下含飴弄孫之樂。

　　當他們的風箏升上天空，在蔚藍的天空翔翔時，小瓶子忍不住問：「爺爺，怎樣才可以把風箏放得又高又遠呢？」

　　張衡一邊注意風箏的狀況，一邊回答說：「只要注意風的來向，讓風箏隨時保持在逆風的狀態下，就可以讓風箏飛得又高又遠了。」

　　「什麼是逆風啊？我又怎麼知道風從哪裡來呢？」

　　這簡單的問題卻讓張衡愣住了，他想了一下說：「這可是個好問題，我們就來做一個可以判別風向的東西吧！」

　　小瓶子覺得跟爺爺一起做東西比放風箏好玩，立刻手舞足蹈

的說：「好好好，爺爺，我們趕快去做吧！」

有了渾天儀的製作經驗後，製作判別風向的東西對張衡來說，可說是輕而易舉的事。因此，過沒幾天張衡便創造了「候風儀」＊。

為了持久耐用，「候風儀」也是用銅鑄成的，形狀是一隻銜著花瓶的鳥，張衡把它安裝在五丈高的竹竿頂上，讓它可以隨風轉動，鳥頭永遠朝著風來的方向。

小瓶子看了非常敬佩，一臉崇拜的問：「爺爺，你怎麼那麼厲害，會發明那麼多的東西呢？」

「當然要多用心觀察，多動動腦啊！另外，還要多看書喔。像爺爺年輕的時候就常常研讀

放大鏡

＊這和歐洲發明的「候風雞」有異曲同工之妙，但「候風雞」的發明比「候風儀」晚了一千多年。

《墨經》＊，才能懂那麼多。」

「我從現在起也要多看書、多觀察、多動動腦，以後就可以跟爺爺一樣發明很多東西囉！」

張衡摸著鬍子笑呵呵的說：「好好好！」

從那天起，小瓶子真的認真的去看、去想、去做，並常將他在書本裡或實際生活上所碰到的疑惑，請教家中長輩。不過，隨著他年齡的增長，他提的問題有時候連他爹張鵬都無法解答，幸虧他有張衡這樣見識廣博、求知慾強的爺爺，才讓他的許多疑惑獲得解答。

放大鏡　＊《墨經》是墨子弟子和其後學概括發展墨子思想的一部著作。它記錄了春秋戰國時期，關於手工業方面的許多知識，提出了古代物理學和數學的許多概念和見解。書中不僅提到邏輯學、經濟學等社會科學，還包含了時間、空間、力學、光學、幾何學和物質結構等自然科學方面的知識，是一部不可多得的科學著作。不過，在西漢武帝獨尊儒術下，墨家思想長期乏人問津，墨家的科學成果更是不受重視。

　　過了四、五年，小瓶子不但長高許多，也累積了許多知識。在長期耳濡目染下，他跟爺爺一樣喜歡研究東西。只要爺爺有空，他一定跟爺爺一起動動手、動動腦，改良或發明新東西，只可惜這樣的機會不多，因為爺爺常常很忙。

　　有一天晚膳後，小瓶子來到書房，問：「爺爺，我可以請教你一個問題嗎？」

　　「可以啊！」已經四十九歲的張衡，雖然因官場上糾紛，從公車司馬令被降為太史令，但就算公事再忙，心情再糟，他還是會抽時間為寶貝孫子解惑的。

　　「爺爺，指南車是什麼樣子？它為什麼會一直指向南方呢？」

　　張衡知道指南車是前人發明指點方位的東西，但因年代久遠，早已經失傳了，因此張衡也

不知道指南車是什麼模樣。不過，這對喜歡發明創造的他來說，並不是多大的難題。

「我們來做一部指南車，不就知道它的功用和原理了嗎？」

這個提議當然獲得小瓶子百分之百的贊同，因為又可以和爺爺一起做研究。

他們先收集各種有關指南車的相關資料，再進行考證和實驗，終於運用了齒輪大小差異牽動的原理，創造出指南車＊來。

指南車一完成，張衡立刻和小瓶子駕著指南車到郊外遊玩。

當小瓶子看到無論指南車如何改變方向，車上那個木刻仙人的手臂永遠都指向南方時，不禁

＊傳說黃帝和周公都曾發明指南車。而張衡所發明的指南車，是先將車上的木刻仙人的手臂指向南方，再利用齒輪把兩車輪轉幅的差異，傳動到木刻仙人身上，因此，不論指南車在行進中如何改變方向，木刻仙人的手臂永遠指向南方。

開心的拍手大笑。

不過，當車子行經一段距離後，小瓶子突然開口問：「爺爺，這裡離我們家多遠？」

張衡不確定的說：「嗯……這裡離我們家大約有……二十多里路或是三十多里路吧？」

「爺爺，有沒有一種測量距離的東西，讓我們無論到哪裡，都可以正確知道車子跑了多遠？離家有多遠？距離目的地有多遠呢？」

「目前沒有，不過──」

「我們可以把它創造出來！」小瓶子搶著說。

「沒──錯！」張衡贊同的說。

沒多久，張衡就發現這項發明的挑戰性並不高，因為他只要應用指南車的齒輪原理，就可以成功製造出「記里鼓車」＊了。

駕著「記里鼓車」，小瓶子

的臉上有說不出的得意。不過，郊區的路面顛簸不平，讓駕駛久了的他忍不住望著晴朗的藍天，羨慕的說：「鳥兒真好，可以在天上自由飛翔，不用被這路震得頭昏眼花。」

張衡也望著天上自由翱翔的飛鳥，望著望著，忽然心中有了主意：「我們也來當『飛鳥』吧！」

小瓶子聽了瞪大眼，摒氣凝神的問：「可以嗎？」

張衡拈著鬍子自得的說：「事在人為，沒什麼不可以的！」

要在空中飛，當然比在地上行車更加困難，所以他們爺孫倆失敗了無數次。不過「有志者，

＊記里鼓車的基本原理和指南車相同，也是利用齒輪的差動關係。也就是說先算出車輪的周長，算它轉幾圈會是一里；然後利用車輪走一里的圈數，牽動另一個大的齒輪轉一圈，那大的齒輪轉一圈時，車上的木頭人受牽引就會自動擊鼓一下，里程數便可以算出來了。實際上它與現代計程車上的計程器原理是相同的。

事竟成」，最後還是讓張衡運用了齒輪原理，製作出「獨飛木雕」＊。

看到「獨飛木雕」在空中飛行數里，小瓶子笑容滿面、興奮的衝向張衡，緊緊的抱住他說：「爺爺，你真是世界上最棒的爺爺！」

放大鏡

＊張衡在 126 年寫成的〈應間〉裡，對「獨飛木雕」這樣敘述：「假以羽翮，腹中施機，能飛數里」。「獨飛木雕」是在木雕飛鳥內部裝上機關，使它能飛翔起來。「獨飛」的意思是和由人牽線的風箏作用不同而特別區別，它是由「腹內施機」的力量自己飛行的。張衡利用彈性物體積蓄能量，加以控制，使其能有規律的逐步釋放，製造出螺旋槳推進器，或者消耗能量較慢的撲翼飛行器，使其利用自身的能量飛向高空，待能量消耗後，再憑藉上升氣流的作用作遠距離的滑翔，則「能飛數里」是有可能的。張衡的機械飛行器不但是中國最早的發明創造，也是當時世上絕無僅有的一架木製「飛機」。

11 製作候風
地動儀

　　陸陸續續製造出渾天儀、指南車、記里鼓車、獨飛木雕等許多新儀器的張衡，發現這些新儀器不但使寶貝孫子開心，也能使許多人的生活更加便利，這樣的成就感，讓他更用心的在科學方面鑽研，期許自己能再創造更多、更好、更實用的東西來。

　　不過，這樣衝勁十足的張衡，有一天下朝回來，竟然愁容滿面，他的妻子看了立刻上前關心的問：「怎麼了？」

　　張衡只是面色凝重的嘆口氣，沒說一句話。

　　張妻想到這幾年來，張衡雖然調職多次，官位卻沒有升高，使得一些熱衷名利、趨炎附勢的人常對他冷諷熱嘲，甚至還有人當面對他說：「你不是會使木鳥飛

行嗎？為什麼不會讓自己飛上『高枝』當大官，反而還鎩羽回到太史令這個『老窩』呢？」

雖然張衡曾經寫了〈應間〉抒發自己的情懷，回敬了那些無恥的嘲弄者＊，但每天工作時，那些嘲弄者老是像煩人的蒼蠅一樣揮之不去，久了難免令人心煩氣躁，心情怎麼會好呢？

因此，張妻追問他說：「是不是又有人諷刺你降職調任太史令的事？」

「那種無聊人說的無聊事，我才不會放在心上。何況在所有職位中，太史令的工作算是最合乎我的興趣了，我才不會為此去

![放大鏡]
＊張衡在〈設客問〉（又作〈答客問〉）一文中，義正辭嚴，慷慨直率，應答這些離間別人的閒話，所以篇名題為〈應間〉。在〈應間〉裡，張衡鮮明的表示自己「性德體道，篤信安仁」，自己研究學問抱著「約已博藝，無堅不鑽」的決心和信心，並以「君子不患位之不尊，而患德之不崇；不恥祿之不移，而恥智之不博。是故藝可學，而行可力也。」表現了他不為名利的高尚品德。

跟那些無聊人士計較生氣呢！」

「既然不是為了這件事，那你是為了什麼事而面色凝重呢？」

張衡又嘆了口氣才回答說：「今天接到一份災情報告，說河南發生了大地震，災情慘重，許多大樹被連根拔起，無數的房屋倒塌，造成好幾百人喪失生命，數以千計的人無家可歸，許多原本熱鬧繁榮的城鎮，都被震成鬼哭神嚎的人間地獄了。唉！」

張妻親身經歷過幾次地震，深知地震的可怕，不過她有個疑問：「朝廷不是都會派人前去救災嗎？怎麼災情還那麼嚴重呢？」

「因為那裡許多對外的道路都被震毀了，地方官府難以將消息傳遞出來。因此，等到朝廷接獲消息再派人去救援時，早已錯失了搶救的第一時機了。」

張妻聽了感嘆的說：「如果有一種儀器，可以讓朝廷及早知道

發生地震的地方，讓朝廷能在地震發生的第一時間派人前去救災，那麼不就可以減少傷亡了嗎？」

張衡聽了兩眼發亮，興致勃勃的說：「這真是個好主意！我必須盡快把這種儀器發明出來。」

一說完，張衡就快步往書房走去，性急的他想去找尋相關資料。

張妻被張衡的舉動驚得目瞪口呆，一回過神，趕緊追上前去說：「那只是我有感而發隨便說的話，你可別當真啊！」

「雖然那只是妳有感而發的言論，卻是個極佳的點子！」

張妻被他堅決的態度嚇了一跳。「你真的要製造那種儀器？」

「那是當然的！」

「可是你已經快五十歲了，不再是個年輕小夥子了，哪有那個精神和體力，去為製造探測地

震的儀器而熬夜傷神啊?」

張衡的妻子會這麼說，是因為長年以來，張衡為了研究製造各種儀器，常廢寢忘食、不眠不休，以至健康狀況非常不好。

「有有有，只要製造出來的儀器能造福老百姓，不管幾歲，我都有精神和體力去做。何況，我還有鵬兒和小瓶子可以幫忙。」

「你還說呢!家裡大小事都要鵬兒打理，他哪有精神和體力跟你一起瘋啊?前陣子小瓶子和你沒日沒夜的研究東、研究西，把他累得差點不成人形，看得我和小瓶子他娘心疼死了。」

說到這個，張衡這個當爹做爺爺的，當然也是萬分不捨，便說:「那──這次全部就由我自己來好了。」

「你以為你把自己累得不成人形，我們就不心疼啊?」

「我是大人，會自己照顧自

己，你們別瞎操心。」

「你——」張衡的妻子話還沒說完，張衡就已經把自己關在書房裡了。

看著緊閉的房門，張妻忍不住搖頭嘆氣說：「真是的，每次都這樣。唉！」

不過張衡這次的發明並不順利，因為他發現他所收集的資料裡，對「天」的研究雖然非常多，對「地」的研究卻少得可憐，因此過了一、兩年，仍然沒有多大的進展，令他相當焦急，苦笑說：「以前怎麼會花那麼多的時間在研究『天』，卻把和我們最貼近的『地』給忽略了呢？」

張妻望著更加消瘦的他十分心疼，便又勸他說：「地震是地龍翻身引起的，地龍想翻身就翻身，哪測得出來？你就別再為製作測查地震的儀器傷神了，保重身體要緊啊！」

張妻的話讓張衡低頭陷入沉思。

張妻以為勸他勸了這麼多年，張衡終於把她的話聽進去了，因而暗自心喜。沒想到，當張衡抬起頭開口說的話竟然是：「既然大家都說地震是地龍翻身引起的，那麼測查地震的候風地動儀的八個方位，就採用『龍』的造形好了。」

張妻聽了差點暈倒，生氣的問：「你到底有沒有把我說的話聽進去？」

「有啊，所以我才決定既然地震是地龍翻身引起的，就由『牠』負責告訴我們發生的方位啊！」

張妻氣得咬牙切齒問：「那你要把這八條龍裝在哪裡啊？」

張衡沒發覺妻子已經生氣了，還認真解釋說：「本來基於製作渾天儀的經驗，我想把候風地

動儀的外形做成圓球形的。後來，發現圓球形的外形不但站立不易，更不方便在裡面裝置測查地震的都柱、曲桿、橫梁、環鈕等東西，只好放棄了。可是，如果不用圓球形當外形，那要用什麼呢？」

說了一大堆後，張衡終於發現妻子的臉色不對，關心的問：「咦，妳怎麼了？」

「不怎麼了。只是發現到一牽扯到發明創造東西的事，你整個人就昏頭昏腦的，像泡在酒甕裡一樣。」

「哪有！我現在就很清醒，哪像泡在酒甕裡？」突然，張衡靈光一現，興奮的抓著妻子的手說：「酒甕——就是它！娘子，謝謝妳！」

一說完這句沒頭沒腦的話後，張衡便衝進書房，留下氣得無力的張妻站在原地。

百般無奈的她，嘆口氣後，邊往門外走去邊自言自語說：「他這一忙，不知道又要忙到什麼時候。唉！既然勸不聽，我還是去市集買些補品幫他補補身子吧！」

張衡前後總共花了六年的時間，終於在順帝陽嘉元年（132年），他五十五歲時，發明了「候風地動儀」＊。

「爺爺，恭喜你，你終於完成了！」沒法子天天來幫忙的小瓶子，仍常常抽空來關心，一得知

放大鏡

＊張衡的「候風地動儀」是世界上第一架測定地震方位的儀器。據《後漢書•張衡傳》記載：地動儀以精銅鑄成，形狀似酒甕，上有隆起的圓蓋，儀器的表面刻有篆文及鳥獸圖案。儀器內部中央立著一根銅柱，柱旁有八條通道，每一條通道中都安置有「牙關」（發動機關）。儀器外部鑄有八條龍，龍頭朝下，龍尾朝上，按東、南、西、北、東南、東北、西南、西北八個方向排列，每條龍嘴裡都銜有一個銅球。正對著龍頭，八隻昂頭張嘴的銅蟾蜍蹲在地上，隨時準備承接銅球。

這是世界上第一架測定地震及方位的儀器，比歐洲早一千七百多年。英國學者李約瑟不無感慨的寫道：「地震儀的鼻祖則是出在中國，這一點是無可置疑的。這是卓越的數學家兼天文學家、地理學家張衡的貢獻。」

爺爺的候風地動儀製作成功，已經是少年郎的他，樂得像個小孩子一樣蹦蹦跳跳的，因為他太為爺爺感到高興與驕傲。

不過跳著跳著，小瓶子立刻想到另一個問題：「爺爺，你要把候風地動儀擺在哪裡啊？」

「當然是呈給皇上，獻給朝廷，讓它發揮最大的功用，給發生地震的災民最及時的幫助。」

小瓶子聽了點點頭，覺得爺爺說得很有道理。

第二天，張衡一上朝，立刻說：「皇上，臣發明製作的候風地動儀已經完成了，敬呈皇上。」

「喔，你已經完成了啊？」皇上詫異的問。因為張衡製作測查地震的儀器的事，他早已聽說了，不過也常聽說他一再失敗。後來，時間一久，很少再聽到有人談論此事，他還以為他放棄了呢！沒想到他還在繼續研究，並

製作成功，可真有恆心毅力啊！

「是，臣發明製作的候風地動儀已經完成了！」

「呈上來吧！」

張衡向殿外喊道：「抬進來。」

幾位粗壯的侍衛便將青銅鑄成的「候風地動儀」抬了進來，滿朝的文武百官立刻對這酒甕狀的東西議論紛紛。

皇上看這個叫「候風地動儀」的東西，發現它外表像個有浮雕山、龜、篆文和鳥獸花紋的大酒甕，酒甕上還鏤著八條龍，每條龍嘴裡都含有一顆銅球，下面蹲著一隻張著嘴巴對著龍口的蛤蟆。這個「大酒甕」的上面還有個蓋得異常緊密、絲毫不留縫隙的蓋子。

「張卿，你說這是什麼？」皇上感興趣的問。

「啟稟皇上，這是『候風地動儀』，是個測知地震發生方向

的儀器。它外面的八條龍是按東、西、南、北、東北、東南、西北、西南八個方向排列的；每條龍的口中都含著一顆銅球，受內部的機關控制著。候風地動儀的中央有根上粗下細的『都柱』，『都柱』周圍的八個方向有八根曲桿，與八個龍頭相接，只要一個方向有地震波傳來，極不穩的『都柱』便會倒向這個方向，壓動曲桿，牽動龍頭，張口吐出銅球，銅球就會掉進龍口底下仰頭張嘴的銅蛤蟆裡，那麼我們便可以立即知道哪個方向發生大地震，趕緊派人前去搶救＊。」

放大鏡

＊由於地震波的縱波傳播速度較快而走在前邊，而且又從大地內部傳來，所以「候風地動儀」都柱的基部首先受到縱波的推力而產生和震源方向相對的位移，但在都柱的頂部，還保持在原來的位置，因而造成都柱向著震源方向傾斜的狀態，於是重心偏移，平衡遭受破壞，都柱便向著震源的方向倒下去。都柱傾倒靈敏度的高低差別，取決於都柱的高和底面直徑的比值的大小，比值越大越靈敏。

　　雖然張衡解釋得非常詳細，可是皇上和文武百官卻聽得滿頭霧水，弄不清這個怪異的儀器的效用。

　　最後，有人提議說：「張大人，與其解釋得口沫橫飛，還不如直接實驗證明比較快。」

　　張衡為難的說：「現在沒有地震，這部儀器是不會有任何的動靜的。」

　　「要地震還不容易，只要皇上許可，讓眾臣們在這兒用力的跳，一場小型『地震』不就可以馬上產生了嗎？」

　　這提議勾起皇上的玩心來，年紀輕輕的他立刻贊同說：「這個提議不錯，朕同意。」

　　一得到皇上同意，許多文武百官立刻圍著「候風地動儀」賣力的蹦蹦跳跳，大家都希望讓面對自己這方的銅球掉落下來，拔得頭籌，獲得皇上的讚賞。奈何

地面雖然有些微震動，但候風地動儀卻始終沒有動靜，眾人不禁鼓譟起來：「不會吧，一顆銅球也沒掉下來？！」

「這麼近的『地震』都測不出來，遠的測得出來才有鬼呢！」

「這個東西根本就不靈嘛！簡直是把我們當小孩子耍！」

整個大殿「砲聲隆隆」全針對張衡而來，幾位張衡在朝當官的好友見此情況，很想出面幫他說話，卻不知道該怎麼幫起，因為那叫「候風地動儀」的東西的確沒有任何動靜啊！所以只能暗自為好友焦急。

而一向深得皇上寵信的中常侍張防，卻趁此機會參了張衡一本：「張大人，你該不會是想升官，就隨便弄個東西來唬弄皇上吧？」

張衡連忙否認說：「我發明製作『候風地動儀』，是為了讓朝

廷能及時前往地震災區救災，絕無為我個人私利來……」

他話未說完，就被張防打斷：「喔？這樣啊？或者說，張大人的確很大公無私，很為黎民百姓設想，只不過所發明的『候風地動儀』，就像是『屠龍之技』一樣，只是虛擺著好看，根本就派不上用途？」

「不是這樣的，我……」

皇上見「候風地動儀」不靈，整個大殿鬧哄哄的，早已有些不悅，再見張衡和張防兩人爭執不斷，更覺得不耐煩，便制止眾人說：「好了，這事就此打住，不要再議了！」

張防睨著張衡，別有居心的問：「皇上，那這個叫『候風地動儀』的怪酒罈要如何處置呢？」

張衡深怕候風地動儀被當垃圾丟棄，焦急的說：「皇上，這候風地動儀真的有用，請……」

「張卿不必再多說了。既然你執意這東西有用，就擺在靈臺吧！」

「謝皇上！」

張衡覺得，雖然「候風地動儀」不受朝廷重視，但起碼沒被當成垃圾丟棄，算是不幸中的大幸。不過，多年的心血結晶被眾人如此輕蔑，讓張衡頓覺孤寂感襲遍全身，鼻子不自覺的酸了起來。

12 不如歸去

　　雖然因「候風地動儀」沒有受到朝廷應有的重視，讓張衡有些心灰意冷，但是在家人和好友的鼓勵支持下，他再次打起精神，繼續關心國家大事和人民疾苦。第二年(133年)，他寫出〈京師地震對策〉、〈駁圖讖疏〉等文章上呈皇上。從這些文章和張衡多年的政績看來，皇上覺得張衡的確很用心在為國家做事，便升他做侍中，當他的顧問。

　　張衡高升的消息一傳出，除了好友來道賀外，一些以前對他冷諷熱嘲的人也來巴結奉承他。人情的冷暖張衡點滴在心，但對於這些趨炎附勢的小人，正直的他當然不加以理會，因此得罪了許多朝中有權有勢的大臣和受皇上寵信的宦官。

　　由於擔任皇上的顧問，因此皇上常找張衡進宮商議國家大事。一向盡忠職守的張衡，當然想竭盡所能輔助皇上，使國家更富強，百姓更加安居樂業。但是，過沒多久，張衡發現他在跟皇上商量事情時，皇上身邊的太監或寵臣，總會豎起耳朵仔細聆聽他們在談些什麼；而且談完事情後，他才剛踏出宮門沒多久，他剛剛和皇上談話的內容和經過，立刻被有心人故意加以扭曲，在宮廷內外散布，造成更多人誤解他，想盡辦法排擠他＊。

放大鏡

＊張衡在順帝陽嘉四年（135年）寫出了著名的〈思玄賦〉。在〈思玄賦〉的末尾，他寫道：「天長地久歲不留，俟河之清祇懷憂……回志去曷來從玄諆，獲我所求夫何思！」意思是：天地是長久的，歲月卻不停的流逝，要等到盛明時代的出現，那只能是自懷憂愁……要排除那些不現實的想法，遵從我自己的既定目標，只要獲得了我所渴求的東西，還需要再想什麼呢？從〈思玄賦〉裡可以看出，張衡像一朵荷花，出污泥而不染，他不媚權貴，光明磊落，藐視名利，看重科學；珍惜時光，自強不息，把全部身心都投注在科學研究上；他所渴求的是科學新知，絕不是升官發財。

　　對於這種事，張衡雖然以「清者自清，濁者自濁」來期勉自己，不想在意，但久了還是備感壓力和煩悶。

　　不想再跟這些惡勢力周旋的他，當侍中的第二年（134年），就上書請求調職東觀，想接續剛剛過世的劉珍的工作，整理東觀藏書。畢竟他從小就對史學有興趣，史學方面的造詣也頗高，可以條列出《史記》、《漢書》中，和其他典籍記載不合的地方十餘處，還能注釋經典，到東觀算是合乎他的興趣，又可以發揮他的所長。可惜這件事皇上並不同意。

　　然而，三人能成虎，眾口能鑠金，皇上聽多了人家說張衡的壞話，久而久之，難免信以為真，便漸漸疏遠了張衡。兩年後（136年），更聽信讒言，將年老體弱、滿頭白髮的張衡調離京師，

派到河間郡*國擔任國相。

　　已經五十九歲的張衡，要到五、六百公里遠的河間郡國就任新職，他的家人全都反對。他的兒子張鵬說：「爹，惠王劉政是個驕傲奢侈、不守禮法出了名的傢伙，他和河間地方上的惡勢力互相勾結，魚肉百姓，做了許多違法的事，那兒的國相絕對不好當。爹，你何必去碰這個硬釘子呢？還是告老還鄉吧！」

　　張衡的妻子也勸他說：「兒子說得有理，你年紀大、身體又不好，還是辭官在家含飴弄孫、頤養天年吧！」

　　張衡雖然知道家人的關心，卻仍堅持的說：「我知道你們關心

放大鏡

　　*河間郡　位在今河北東南部。「郡」是漢朝時最大的行政單位，大都是由皇上封給自己的兄弟或大功臣。按著「漢家法度」，諸侯王在封國內只有收租稅的權力，行政權全歸於國相。因此，國相相當於一郡之長的太守，擁有實權。

我，你們說的這些我都知道，也曾考慮過，但在朝為官近三十年，由於受到許多人為因素的牽制，我滿腔的政治抱負都難以施展。如今，難得有這個機會，我想要試試看。」

　　一說完，張衡想到只因他想實現個人理想，便要全家老小陪他一起去承受舟車勞頓之苦，十分過意不去，何況舉家搬遷是件大工程，便說：「我一個人前去河間就任就好，你們……」

　　「不，要去，我們全家就一起去！」張衡的妻子堅決的說，因為她才不放心年紀大、身體糟、又不懂得照顧自己的張衡一個人獨自前往。

　　張衡面有難色的搖頭說：「不行！娘已經八十多歲了，怎麼經得起長途跋涉之苦……」

　　「誰說我經不起長途跋涉之苦？」張衡的母親在哄曾孫小瓶子的

扶持下，邊走進廳堂，邊接著說：「我年紀雖大，身子骨可比你們都還健壯；如果你要去河間，我也要去。」

就這樣，全家一起陪張衡到河間就任。

到任後，張衡發現惠王果然是個驕傲奢侈、不守禮法的人，根本就不把他這個國相放在眼裡，繼續肆無忌憚的為非作歹。對此，張衡默不作聲，只是派人暗中查清各個案情。

張鵬怕父親跟惠王硬碰硬而吃虧，勸父親說：「惠王是皇親國戚，位高權重，除非朝廷有心辦他，不然就算罪證確鑿，我們也奈何不了他。」

「就算奈何不了他，我也要翦除他的黨羽，讓他一個人作不了惡，還給百姓一個清明的社會。」

張衡果然說到做到，一掌握

所有狀況，就下手整頓，將他之前暗中調查到的當地惡勢力，一一逮捕，加以治罪，其中當然包括許多惠王的黨羽。部分漏網的不良分子，見情形不對，紛紛逃亡外地，不敢繼續在本地作惡。一時之間，河間郡國上下變得奉公守法，老百姓也得以安居樂業。

張衡花了兩年的時間，就讓河間郡國政清民安，可是放眼整個大漢江山，卻因朝廷昏庸，政治腐敗，害得老百姓處於水深火熱中。但，這麼糟糕的局勢，仍然沒有喚醒當政者，大多數的官吏仍只顧爭權奪利，使得民怨沸騰，許多農民為了生存，紛紛起義，和朝廷對抗。

看到這個情形，憂國憂民卻又無能為力的張衡，寫下〈四愁詩〉，提到他日思夜想的「美人」（即明君），一直沒有影

兒，而「路」卻越來越渺茫，「皇漢聖朝」的「中興」之望在他的心中幻滅了，不禁悲觀了起來。六十歲的他，體力漸衰，再也不想戴那頂烏紗帽，甚至對混亂紛擾的「人世」也有些厭煩了，便興起了辭官退隱的想法。

順帝永和三年（138年），六十一歲的張衡決定寫完〈歸田賦〉後，立刻上呈皇上，請求告老還鄉。

有一天，當他在書房振筆疾書時，家僕來報，說惠王有事找他，他只好匆匆入宮。

惠王一看到他，別有深意的說：「剛剛洛陽傳來消息，說你五、六年前發明的那個叫做什麼地動儀的，有了動靜了。」

「啊——」一聽到這個消息，張衡詫異得說不出話來。

「聽說是西北方位那條龍嘴裡的銅球，掉進了銅蛤蟆嘴巴裡

了。」

　　回過神的張衡立刻說：「那表示洛陽西北方發生了大地震，朝廷是不是已經派人前往救災了？」

　　沒想到張衡的話引起惠王和他的寵臣們哄堂大笑，紛紛調侃他說：「拜託，京城裡一點地震的感覺都沒有，哪來的大地震呀！」

　　「你發明的那個什麼地動儀的，根本就不準啦！」

　　「那個東西是為了升官發財用的，怎麼會準呢？」

　　這些諷刺的話根本就沒有入張衡的耳朵裡，因為他一心只想著：「不可能……候風地動儀不可能不準的……」

　　實事求是的他，一回到家，立刻翻出過去研究的紀錄和著作，找尋候風地動儀可能不靈的原因。

　　張鵬辦完事情從外面回來，就聽僕人說父親從惠王府回來後

神色有異，立刻前來關心，沒想到一踏進書房，就見父親翻箱倒櫃，將一箱箱的資料翻得書房裡到處都是。

「爹，發生什麼事了？」

「鵬兒，你來得正好，趕緊幫爹檢查核對我們設計候風地動儀的相關資料，看看是不是哪裡出了差錯，不然候風地動儀怎麼可能不靈呢？」

這事張鵬剛剛在外面就聽說了，不用細想就知道是惠王府的人故意四處傳播此事，藉機詆毀父親在百姓心中的威望。

「爹，會不會不是候風地動儀不靈，而是發生地震的災區因道路毀損，而消息難以傳遞出來呢？」

張衡聽了渾身一震，覺得此事相當可能發生。但，一向嚴以律己的他還是說：「我們還是把所有相關資料一一檢查核對吧！」

　　了解父親為人的張鵬，不再多言，立刻把兒子小瓶子找來幫忙。

　　他們三人關在書房裡，不眠不休的檢查核對好幾天，弄得昏天暗地，仍然沒找到候風地動儀不靈的原因。正當他們找得心煩氣躁時，張衡的一位好友急急的衝進來說：「張兄，不用找了，你的候風地動儀沒有不靈！」

　　張衡訝然的緊緊抓住他的手問：「怎麼說？」

　　「朝廷已經收到從西北傳來的快報，說距離洛陽千里外的蘭州、臨洮、隴西一帶發生了大地震，請求朝廷派人前往賑災搶救。張兄，你知道這次事件，最令大家嘖嘖稱奇的是什麼嗎？」

　　未等張衡回答，那人就又接著說：「是你發明的候風地動儀有夠神準啊！竟然能夠偵測到千里外的地震，因為這次隴西大地震

發生的時間、方向，和前幾天候風地動儀的紀錄一樣！」

這消息令張衡鬆了口氣，緊繃的心情一放鬆，幾天來的疲累席捲而來，令他全身酸軟無力，若不是兒子、孫子眼明手快扶住他，他早已癱倒在地。

「沒有不靈就好……沒有不靈就好……」

張衡喃喃自語的說，無限唏噓湧上心頭，忍不住熱淚盈眶。

他不想讓人瞧見盈眶的淚水潰堤而下，立刻用雙手掩面，卻掩不住從指縫滴下的辛酸淚。

13

流芳百世

　　本來就想辭官退隱的張衡，經過了「候風地動儀不靈」的事件後，辭意更加堅定。

　　其實，年紀越來越大的他，越加想念故鄉，想念那段還沒當官、在家裡專心耕讀、認真做研究的單純日子。因此，他就把對大自然清新生活的嚮往寫在〈歸田賦〉裡，然後將這則篇幅雖短，卻情感濃郁的文章，和請求准予退休的奏摺，上呈皇上；之後，未等朝廷回音，他就和家人開始打包行李，準備一收到准許他退休的聖旨，就立刻舉家返回故里。

　　沒想到過沒幾天，他的行李還沒打包好，皇上的聖旨就到了。

　　聆聽聖旨後，張衡和他的家

人全都傻了，因為皇上不但沒有同意他退休，還升他官，要他回洛陽當尚書。張鵬滿心不願父親再待在日漸腐敗的朝廷，一到沒有外人在場的內廳就忍不住說：

「爹，經過『候風地動儀不靈』的事件後，大病一場的你，身子還沒完全康復，實在不適合再為國家大事操心、煩心，更不適合跟那些只顧自己私利的邪佞小人鬥。爹，不要接受尚書一職，維持原意告老還鄉好嗎？」

張衡贊同的點點頭，說：「我也不想再和那些邪佞小人鬥了。但，不論要不要接受尚書這個職務，照禮法都要回洛陽，當面謝謝皇上的恩典。」

「可是這裡到洛陽路途遙遠，奶奶的年紀又那麼大了，如何承受得住舟車勞頓之苦呢？」

「因此一路上，爹有照顧奶奶不周的地方，你要幫爹多擔待

些。」

「是，我也會要小瓶子多注意奶奶的。」

在如此周延的照料下，張衡八十多歲的母親平安到達洛陽，反而是張衡因旅途勞累而染上了風寒。不過，張衡並沒有時間休息養病，一到洛陽，安頓好家人後，他立刻梳戴整齊，進宮去見皇上。

皇上看到他，立刻開心的從龍椅站了起來，拉著他的手讚美說：「你發明的候風地動儀真是神奇呀！竟然可以測得到千里以外的地震，令人大開眼界！像你能製造出如此神奇的儀器的曠世奇才，從前沒有，以後恐怕也不會再有啦！」

「多謝皇上的讚美。只是，臣年紀已大，體力不佳，想辭官回故鄉，過著看看書、種種菜的田園生活，懇請皇上恩准！」

「不行不行，朕絕不同意你辭官。朕要你擔任尚書，常陪在朕的身邊，好方便向你討教。」

「皇上，臣愧不敢當。臣實在是想辭官歸故里，懇請皇上恩准！」

「張卿，朕的身邊實在少不了你，黎民百姓也少不了你啊！你走了，叫朕怎麼辦哪？」

皇上一再挽留，讓張衡不好執意辭官，只好接下尚書的職務。回到家，張衡的家人知道這件事，都非常反對。

張鵬說：「爹，你已經六十歲了，身體又不好，還是告老回鄉吧！」

「鵬兒，記得爹跟你提過朱暉爺爺的事情嗎？」

「記得，你說他是你這一生中最敬重的長輩之一。」

張衡點點頭，接著說：「朱暉爺爺快八十歲時，朝廷請他出仕

當官，當時還是小孩子的我很擔心他，勸他以健康為重。但，他卻語重心長的對我說：『只要國家需要我，就算我一百歲了，老得只剩下最後一口氣，也要貢獻我的心力，為國家、為黎民百姓造福。』鵬兒啊！朱爺爺那時的心境，正是我此刻心情的寫照啊！」

全家人被張衡的話深深感動，便不再說什麼，只是更注意他的健康狀況。

可是盡忠職守的張衡，不顧旅途的疲憊和風寒未痊癒，立刻全心投入工作中；但，畢竟年紀已大、身體差，禁不起這樣的勞累，便在順帝永和四年 (139年) 的春天，臥病不起。

皇上得知消息，立刻前來探病，一再勉勵他要多為國珍重；他的好友們也紛紛前來探望他，要他好好休養，別為公事操心煩心。張衡自己也想趕緊恢復健

康，奈何長期耗損的身體難敵病魔的摧殘啊！

一天夜裡，張衡小睡醒來，看到兒子衣不解帶的在旁照顧他，就對兒子說：「鵬兒，這些日子辛苦你了。」

「爹，快別這麼說！只要你的身體能趕快康復就好了。」

心知自己有如油燈將盡的張衡，不免為兒子的將來擔憂，說：「這幾年，把你留在爹身旁，幫忙爹打理各種事務，真是大才小用啊！爹早該請朋友幫忙向朝廷推舉你，讓你能在仕途上有所發展。」

張鵬搖搖頭，笑著說：「爹，現在朝綱不振，在朝當官的人，大都昏庸無能，只顧自己私利，不顧百姓死活，像你這樣盡忠職守的人已經越來越少了。獨木難支，再有能力的人也難和整個大環境對抗。因此，我寧願回故

鄉，過著你〈歸田賦〉裡說的田園生活，也不願在朝為官，去跟那些邪佞小人鬥。何況爹你曾說過，錢財不算什麼，當不當官也不算什麼，做人最重要的，是要修煉自己的品行、增進自己的知識，守住自己這顆心，做個有守有為的讀書人。」

張衡聽了露出欣慰的笑容，說：「你能這麼想就好了！」

過沒多久，這位窮盡畢生精力，在曆法、數學、史地、文學以及繪畫方面都有卓越的表現和貢獻的張衡，便與世長辭，享年六十二歲。

回顧張衡一生，他可說是中國東漢時期偉大的科學家、文學家、發明家和政治家，不論在科學技術或文學藝術等各方面，都有傑出的貢獻，他不僅是中華民族的光榮和驕傲，也在世界科學文化史上樹起了一座巍巍豐碑。

　　因此，在 1970 年國際天文學聯合會命名月球上一座環形山為「張衡山」； 1977 年，將太陽系中一顆編號一一八〇二號的小行星命名為「張衡星」，讓他永遠與日月星辰同在。

　　這些神聖的命名，是今天整個文明世界，對曾經創造世界文明的偉人最崇高的敬意。

張衡

78 年	生於荊州南陽郡西鄂縣下村塞。
93 年	遊長安故都及扶風、馮翊各地。
95 年	到洛陽,進太學讀書;和崔瑗、馬融結為莫逆。
100 年	返鄉,為南陽太守鮑德的主簿。協助興建學校,治理水患。
107 年	作〈二京賦〉。
108 年	鮑德遷大司農,辭主簿職,返鄉讀書。
110 年	作〈南都賦〉。
111 年	研究《太玄經》,非常推崇揚雄。
116 年	完成「小渾」。

117 年	製作「渾天儀」，完成《渾儀圖注》、《靈憲》、《算網論》等科學理論著作。稍後，完成「漏水轉渾天儀」。
132 年	製造「侯風地動儀」。
136 年	出任河間郡國首相。
138 年	隴西發生大地震。作〈歸田賦〉，上書請求去職回故鄉。
139 年	逝世。

獻給孩子們的禮物

「世紀人物100」

訴說一百位中外人物的故事

是三民書局獻給孩子們最好的禮物！

◆ 不刻意美化、神化傳主，使「世紀人物」更易於親近。

◆ 嚴謹考證史實，傳遞最正確的資訊。

◆ 文字親切活潑，貼近孩子們的語言。

◆ 突破傳統的創作角度切入，讓孩子們認識不一樣的「世紀人物」。

國家圖書館出版品預行編目資料

天文巨星：張衡／陳佩萱著;郜欣繪.－－初版二刷.－
－臺北市：三民，2010
面；　公分.－－(兒童文學叢書／世紀人物100)

ISBN 978-957-14-4814-5　(平裝)

1.(漢)張衡 2.傳記 3.通俗作品

782.822　　　　　　　　　　　　　　96014320

© 　天文巨星：張衡

著 作 人	陳佩萱
主　　編	簡　宛
繪　　者	郜　欣
責任編輯	李玉霜
美術設計	陳宛琳
發 行 人	劉振強
著作財產權人	三民書局股份有限公司
發 行 所	三民書局股份有限公司
	地址　臺北市復興北路386號
	電話　(02)25006600
	郵撥帳號　0009998-5
門 市 部	(復北店) 臺北市復興北路386號
	(重南店) 臺北市重慶南路一段61號
出版日期	初版一刷　2007年11月
	初版二刷　2010年10月
編　　號	S 781440

行政院新聞局登記證局版臺業字第○二○○號

ISBN　978-957-14-4814-5　　(平裝)

http://www.sanmin.com.tw　三民網路書店
※本書如有缺頁、破損或裝訂錯誤，請寄回本公司更換。